RÉNYI PICTURE DICTIONARY

HEBREW AND ENGLISH

ÉDITIONS RÉNYI INC.

355 Adelaide Street West, Suite 400, Toronto, Ontario, Canada M5V 1S2

The Rényi Hebrew Picture Dictionary

Copyright © 1992 Éditions Rényi Inc.

Illustrated by Kathryn Adams, Pat Gangnon, Colin Gillies, David Shaw and Yvonne Zan. Cover illustration by Colin Gillies. Designed by David Shaw and Associates.

Typeset by YA'ARA Print Productions, Israel.

Color separations by New Concept Limited, Canada.

Printed in Singapore by Khai Wah Litho Pte Limited.

In this dictionary, as in reference work in general, no mention is made of patents, trademark rights, or other proprietary rights which may attach to certain words or entries. The absence of such mention, however, in no way implies that words or entries in question are exempt from such rights.

Hebrew edition by Zahava Shinder, Tel-Aviv, and Rachel Khalimsky, Toronto.

The Rényi Hebrew Picture Dictionary   ISBN 0-921606-38-9

INTRODUCTION

Some of Canada's best illustrators have contributed to The Rényi Hebrew Picture Dictionary, which has been carefully designed to combine words and pictures into a pleasurable learning experience.

Its unusually large number of terms (3336) makes The Rényi Hebrew Picture Dictionary a flexible teaching tool. It is excellent for helping young children acquire language and dictionary skills in English or in Hebrew. Because the vocabulary it encompasses is so broad, this dictionary can also be used to teach Hebrew to older children and adults as well. Further, the alphabetical Hebrew index included lets Hebrew speakers locate the English words. Thus it is also an effective tool for teaching English as a second language.

THE VOCABULARY

The decision on which words to include and which to leave out was made in relation to three standards. First, a word-frequency analysis was carried out to include the most common words. Then a thematic clustering analysis was done to make sure that words in common themes (animals, plants, activities etc.) were included. Finally, the vocabulary was expanded to include words which children would likely hear, ask about and use. This makes this dictionary's vocabulary more honest than most. 'To choke', 'greedy', 'to smoke' are included, but approval is withheld.

This process was further complicated by the decision to *systematically* illustrate the meanings. Although the degree of abstraction was kept reasonably low, it was considered necessary to include terms such as 'to expect' and 'to forgive', which are virtually impossible to illustrate. Instead of dropping these terms, we decided to provide explanatory sentences that create a context.

USING THIS DICTIONARY

Used at home, this dictionary is an enjoyable book for children to explore alone or with their parents. The pictures excite the imagination of younger children and entice them to ask questions. Older children in televisual cultures often look to visual imagery as an aid to meaning. The pictures help them make the transition from the graphic to the written. Even young adults will find the book useful, because the illustrations, while amusing, are not childish.

The alphabetical index at the end of this book lists every term with the number of its corresponding illustration. Teachers can use this feature to expand children's numeracy skills by asking them to match an index number with the illustration. The dictionary as a whole provides an occasion to introduce students to basic dictionary skills. This work is compatible with school reading materials in current use, and can serve as a 'user-friendly' reference tool.

Great care has been taken to ensure that any contextual statements made are factual, have some educational value and are compatible with statements made elsewhere in the book. Lastly, from a strictly pedagogical viewpoint, the little girl featured in the book has not been made into a paragon of virtue; young users will readily identify with her imperfections.

לְחָבֵרַיי הַחֲדָשִׁים

קוֹרְאִים לִי **לִי** וַאֲנִי יַלְדָּה עִם הַרְבֵּה רַעְיוֹנוֹת. תּוּכְלוּ לִמְצוֹא אוֹתִי בְּמִשְׁבֶּצֶת מִסּ׳ 412. אֲנִי מְבַקֶּרֶת בְּבֵית הַסֵּפֶר וְגַם לוֹמֶדֶת לִשְׂחוֹת.

יֵשׁ לִי אִמָּא, אָח קָטָן וְאַבָּא אַדְמִירָל. בֶּטַח תִּפְגְּשׁוּ אוֹתָם בְּעַמּוּדִים הַבָּאִים.

יֵשׁ מִי שֶׁחוֹשֵׁב שֶׁמִּילוֹן זֶה דָּבָר מְשַׁעֲמֵם. הֵם בֶּטַח לֹא רָאוּ אֵת זֶה שֶׁמְּסַפֵּר הַכֹּל עָלַי וְעַל הָאֲנָשִׁים אוֹתָם אֲנִי מַכִּירָה.

חֲמִישָּׁה מְבוּגָּרִים הִשְׁתַּעַשְׁעוּ לֹא מְעַט בְּאִיּוּר הַמִּשְׁבְּצוֹת כַּאן.

גַּם אֲנִי צִיַּרְתִּי אַחַת. (אֶת הַזֶּבְּרָה) מוֹצְאִים?

אֲנִי צְרִיכָה לָרוּץ... חִפְּשׂוּ אוֹתִי בְּמִילוֹן.

לְהִתְרָאוֹת לִי

נ.ב.

אִם תִּרְצוּ לִכְתּוֹב לִי עַל הַמִּילוֹן, בִּקְשׁוּ מֵאַבָּא וְאִמָּא אוֹ מוֹרָה אֵת - כְּתוֹבַתִי (הִיא בְּסֵפֶר).

חֶשְׁבּוֹנִיָּה

1 abacus

עַל

טַל סִיפֵּר לִי עַל הַסֶּרֶט.

Tal told me about the movie.

2 about

מֵעַל לְ־

3 above

נֶעְדָּר

4 absent

דַּוְשַׁת הַדֶּלֶק

5 accelerator

בְּמִבְטָא

יוּרִי מְדַבֵּר בְּמִבְטָא רוּסִי.

Yuri speaks with a Russian accent.

6 accent

תְּאוּנָה

7 accident

מַפּוּחוֹן, אַקּוֹרְדְיוֹן

8 accordion

מַאֲשִׁים (לְהַאֲשִׁים)

9 to accuse

אַס, אָלוּף

10 ace

רֹאשִׁי כּוֹאֵב (לִכְאֹב)

11 My head aches.

חוּמְצָה

12 acid

אִצְטְרוֹבָּל, בָּלוּט

13 acorn

לוּלְיָנִית

14 acrobat

מִמּוּל

לִיאוֹר גָּר בַּבַּיִת מִמּוּל.

Lior lives across the street.

15 across

לְחַבֵּר

16 to add

כְּתֹבֶת, מַעַן

17 address

אַדְמִירָל, מְפַקֵּד

18 admiral

מַעֲרִיץ (לְהַעֲרִיץ)

19 to adore

בּוֹגֵר	לְקַדֵּם	יִתְרוֹן	הַרְפַּתְקָה
20 adult	**21** to advance	**22** advantage	**23** adventure

יָרֵא, פּוֹחֵד	אַפְרִיקָה	אַחֲרֵי	אַחֲרֵי הַצָּהֳרַיִם
		מִיכַל רָצָה אַחֲרֵי הַכַּדּוּר.	
		Michal ran after the ball.	
24 He is afraid.	**25** Africa	**26** after	**27** afternoon

שׁוּב	מִתְחַכֵּךְ (לְהִתְחַכֵּךְ) כְּנֶגֶד	גִּיל	קַל תְּנוּעָה
אָדָם שׁוּב שָׁכַח אֶת הַסֵּפֶר בַּבַּיִת.			
Adam forgot the book at home again.			
28 again	**29** to rub against	**30** age	**31** agile person

עַל שִׂרְטוֹן	מֵרֹאשׁ	עֶזְרָה (לְהוֹשִׁיט עֶזְרָה)	לְכַוֵּון
	תַּכְנֵן אֶת חֻפְשָׁתְךָ מֵרֹאשׁ.		
	Plan ahead for your next holiday.		
32 aground	**33** ahead	**34** to provide aid	**35** to aim

אֲוִיר	מִזְרָן אֲוִיר	אָטוּם	מָטוֹס, אֲוִירוֹן
36 air	**37** air mattress	**38** airtight	**39** airplane/aeroplane*

נְמַל תְּעוּפָה	מַעֲבָר	שָׁעוֹן מְעוֹרֵר	אַלְבּוֹם
40 airport	41 aisle	42 alarm clock	43 album
בּוֹעֵר	חַי, עֵירָנִי	הַכֹּל	סִמְטָה
44 alight	45 alive	46 I want them **all**.	47 alley
תַּנִּין אֲמֵרִיקָאִי	שָׁקֵד	כִּמְעַט	בּוֹדֵד, לְבַד
48 alligator	49 almond	50 almost	51 alone
הָבָה נֵלֵךְ יַחְדָּו.	בְּקוֹל רָם	אַלְפַבֵּית א ב ג ד ה ו ז ח ט י כ ל מ נ ס ע פ צ ק ר ש ת .	כְּבָר
52 along	53 aloud	54 alphabet	55 Do I have to go **already**?
בְּסֵדֶר	גַּם כֵּן	אֲלוּמִינְיוּם	תָּמִיד
56 I am **alright**.	57 I **also** want some.	58 aluminum/aluminium* ladder	59 I **always** fall down.

אַמבּוּלַנס	זְאֵב בֵּין כְּבָשִׂים	עֹגֶן	קַדְמוֹן, עַתִּיק
60 ambulance	61 wolf **among** sheep	62 anchor	63 ancient

זָוִית	כּוֹעֵס	בַּעֲלֵי חַיִּים	קַרְסֹל
64 angle	65 He is **angry**.	66 animals	67 ankle

לְהַכְרִיז	עוֹד, נוֹסָף	תְּשׁוּבָה	נְמָלָה
68 to **announce**	69 **another** sandwich	70 The **answer** is…	71 ant

אַנְטַאַרְקְטִיקה	אַנְטִילוֹפָּה	קַרְנֵי הַצְּבִי	כָּלְשֶׁהוּ
72 Antarctic	73 antelope	74 antlers	75 I do not have **any** money.

כָּל דָּבָר שֶׁהוּא	לְכָל מָקוֹם שֶׁהוּא	בְּנִפְרָד	קוֹף
76 It eats **anything**.	77 He cannot go **anywhere**.	78 apart	79 ape

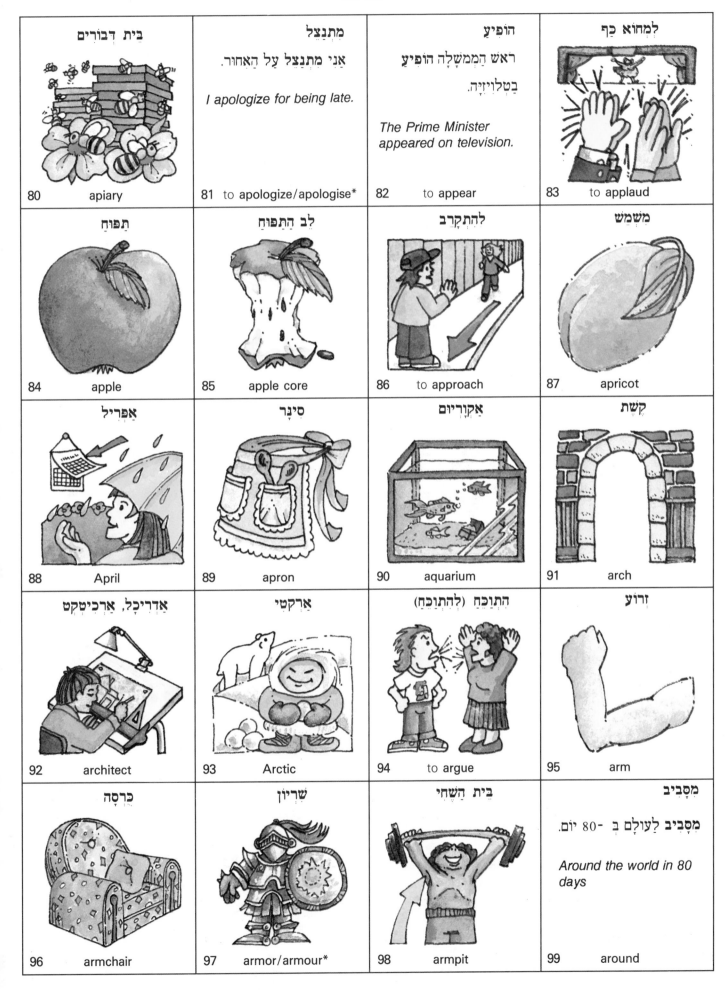

בֵּית דְּבוֹרִים	מִתְנַצֵּל אֲנִי מִתְנַצֵּל עַל הָאִחוּר. *I apologize for being late.*	הוֹפִיעַ רֹאשׁ הַמֶּמְשָׁלָה הוֹפִיעַ בַּטֶּלֶוִיזְיָה. *The Prime Minister appeared on television.*	לִמְחוֹא כַּף
80　apiary	81　to apologize/apologise*	82　to appear	83　to applaud
תַּפּוּחַ	לֵב הַתַּפּוּחַ	לְהִתְקָרֵב	מִשְׁמֵשׁ
84　apple	85　apple core	86　to approach	87　apricot
אַפְּרִיל	סִינָר	אֲקְוַרְיוּם	קֶשֶׁת
88　April	89　apron	90　aquarium	91　arch
אַדְרִיכָל, אַרְכִיטֶקְט	אַרְקְטִי	הִתְוַכֵּחַ (לְהִתְוַכֵּחַ)	זְרוֹעַ
92　architect	93　Arctic	94　to argue	95　arm
כֻּרְסָה	שִׁרְיוֹן	בֵּית הַשֶּׁחִי	מִסָּבִיב מִסָּבִיב לָעוֹלָם בְּ-80 יוֹם. *Around the world in 80 days*
96　armchair	97　armor/armour*	98　armpit	99　around

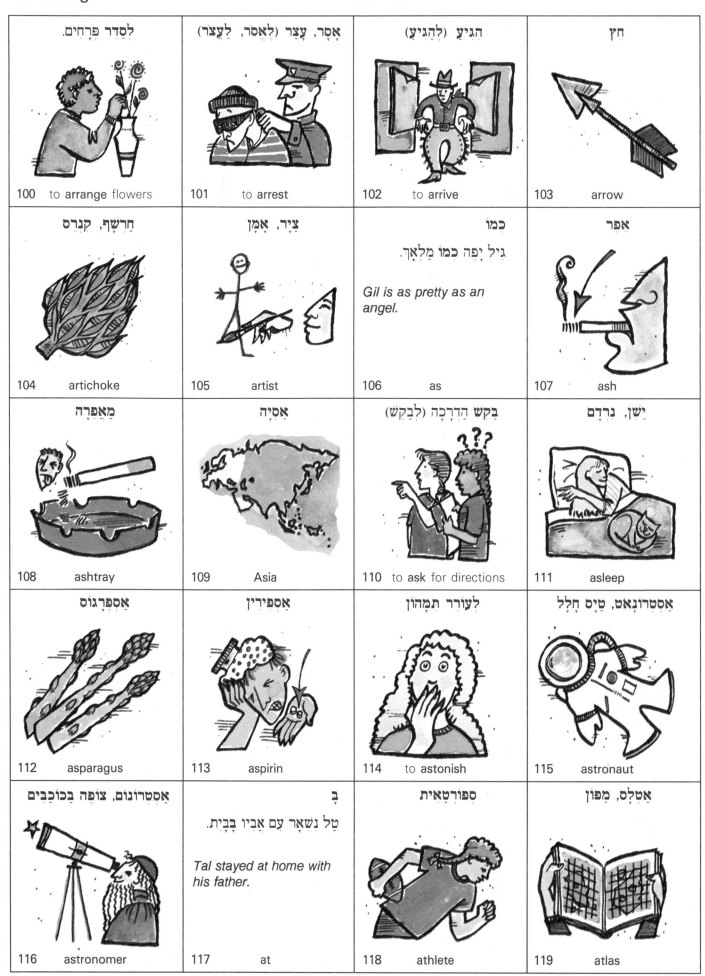

לְסַדֵּר פְּרָחִים.	אָסַר, עָצַר (לֶאֱסֹר, לַעֲצֹר)	הִגִּיעַ (לְהַגִּיעַ)	חֵץ
100 to **arrange** flowers	101 to **arrest**	102 to **arrive**	103 **arrow**

חַרְשָׁף, קִנְרָס	צַיָּר, אָמָּן	כְּמוֹ	אֵפֶר
		גִּיל יָפֶה כְּמוֹ מַלְאָךְ. *Gil is as pretty as an angel.*	
104 **artichoke**	105 **artist**	106 **as**	107 **ash**

מַאֲפֵרָה	אַסְיָה	בִּקֵּשׁ הַדְרָכָה (לְבַקֵּשׁ)	יָשֵׁן, נִרְדָּם
108 **ashtray**	109 **Asia**	110 to **ask** for directions	111 **asleep**

אַסְפָּרָגוֹס	אַסְפִּירִין	לְעוֹרֵר תִּמָּהוֹן	אַסְטְרוֹנָאוּט, טַיָּס חָלָל
112 **asparagus**	113 **aspirin**	114 to **astonish**	115 **astronaut**

אַסְטְרוֹנוֹם, צוֹפֶה בַּכּוֹכָבִים	בְּ	סְפּוֹרְטָאִית	אַטְלָס, מַפּוֹן
	טַל נִשְׁאַר עִם אָבִיו בַּבַּיִת. *Tal stayed at home with his father.*		
116 **astronomer**	117 **at**	118 **athlete**	119 **atlas**

אַטְמוֹסְפֵרָה, חֲלַל הָאֲוִיר	אָטוֹם	לְחַבֵּר, לְצָרֵף	שִׂים לֵב לְ
120 atmosphere	121 atom	122 to attach	123 Pay attention!

עֲלִיַת גַג	קְהַל שׁוֹמְעִים	אוֹגוּסְט	דוֹדָה
124 attic	125 audience	126 August	127 My aunt is my mother's sister.

אוֹסְטְרַלְיָה	מְחַבֵּר, סוֹפֵר	אוֹטוֹמָטִי, פּוֹעֵל מֵעַצְמוֹ	סְתָו
128 Australia	129 author	130 automatic	131 autumn

מַפּוֹלֶת שְׁלָגִים	אֲבוֹקָדוֹ	עֵר	הִיא לֹא נִמְצֵאת
132 avalanche	133 avocado	134 awake	135 She is away.

נוֹרָא	אִשָׁה מְגֻשֶׁמֶת	גַרְזֶן	צִיר, סֶרֶן
136 an awful smell	137 an awkward person	138 axe	139 axle

תִינוֹק

140 baby

עֶגְלַת תִינוֹקוֹת

141 baby carriage/pram*

גַב

142 back

קֹתֶל חֲזִיר

144 bacon and eggs

מְקֻלְקָל, רַע

145 bad apple

תָּג

146 badge

לִנְסֹעַ אֲחוֹרַנִּית

143 to back up

תִיק, יַלְקוּט

147 bag

פִּתָיוֹן

148 bait

לֶאֱפוֹת

149 to bake

אוֹפֶה

150 baker

מַאֲפִיָּה

151 bakery

שִׁיווּי מִשְׁקָל

152 good balance

מִרְפֶּסֶת

153 balcony

קֵרֵחַ

154 bald

כַּדּוּר

155 ball

רַקְדָנִית, בַּלֶרִינָה

156 ballerina

בַּלֶט

157 bailet

בַּלוֹן

158 balloon

כַּדּוּר פּוֹרֵחַ	בָּנָנָה	רְצוּעָה, סֶרֶט	לַהֲקָה, תִּזְמוֹרֶת
159 hot air **balloon**	160 banana	161 band	162 musical **band**

תַּחְבֹּשֶׁת	לַהֲלֹם, לַחֲבֹט	מַעֲקֶה	בַּנְק
163 bandage	164 to bang	165 banister	166 bank

מוֹט	מִסְבָּאָה	תַּיִל דּוֹקְרָנִי	סַפָּר, גַּלָּב
167 bar	168 bar/pub*	169 barbed wire	170 barber

יָחֵף	מְצִיאָה	דּוֹבְרָה	נָבַח (לִנְבֹּחַ)
171 one **bare** foot	172 bargain	173 barge	174 to bark

שְׂעוֹרָה	אָסָם	צְרִיפִים	קְלִיפַת הָעֵץ
176 barley	177 barn	178 barracks	175 bark

חָבִית	קָנֶה (שֶׁל רוֹבֶה)	סִיכַּת רֹאשׁ	מַחְסוֹם
179 barrel	180 barrel	181 barrette/hair slide*	182 barrier

בָּסִיס, יְסוֹד	תַּחֲנָה (בֵּיסבּוֹל)	בֵּיסְבּוֹל	קוֹמַת מַרְתֵּף
183 base	184 base	185 baseball	186 basement/cellar*

רֵיחָן	סַל נְצָרִים	כַּדּוּר סַל	מַחְבְּטִים
187 basil	188 basket	189 basketball	190 bats

אֲנִי מִתְרַחֵץ בָּאַמְבַּטְיָה.	חֲדַר רַחְצָה	אַמְבַּטְיָה	עֲטַלֵּף
192 I am having a bath.	193 bathroom	194 bathtub	191 bat

סוֹלְלָה	מִפְרָץ	עֲלֵה דַפְנָה	שׁוּק, בָּזָר
195 battery	196 bay	197 bay leaves	198 bazaar

לִהְיוֹת

לִהְיוֹת אוֹ לֹא לִהְיוֹת.

To be or not to be . . .

199 to be

חוֹף

200 beach

חָרוּז

201 bead

מַקוֹר

202 beak

קֶרֶן אוֹר

203 beam of light

שְׁעוּעִית

204 beans

דוֹב

205 bear

זָקָן

206 beard

חַיָּה, בְּהֵמָה

207 beast

תּוֹפֵף (לְתוֹפֵף)

208 to beat

יְפֵיפִיָּה

209 beautiful

בּוֹנֶה

210 beaver

אֲנִי בּוֹכֶה בִּגְלַל . . .

211 I am crying because...

הַזַּחַל הָיָה לְפַרְפַּר.

212 to become

מִיטָּה

213 bed

מְנוֹרַת לַיְלָה

214 bed lamp/reading light*

חֲדַר שֵׁינָה

215 bedroom

דְּבוֹרָה

216 bee

תְּאַשּׁוּר

217 beech

כַּוֶּרֶת

218 beehive

בִּירָה

219 beer

סֶלֶק

220 beet/beetroot*

חִפּוּשִׁית

221 beetle

רְחַץ יָדַיִם לִפְנֵי הָאֲרוּחָה.

222 Wash your hands **before** dinner.

לְהִתְחַנֵּן, לְבַקֵּשׁ

223 to beg

מַתְחִיל

הַשִּׁעוּר שֶׁל מִיקִי מַתְחִיל

בְּ — 9.

Mickey's lesson begins at 9 o'clock.

224 to begin

הִתְנַהֲגָה יָפֶה (לְהִתְנַהֵג)

225 to behave

מֵאֲחוֹרֵי

226 behind

חוּם בָּהִיר

227 beige

אֲנִי מַאֲמִין בָּאַגָּדוֹת.

228 I **believe** in fairy tales.

פַּעֲמוֹן

229 bell

טַבּוּר

230 belly button

הוּא שַׁיָּךְ לִי

231 He **belongs** to me.

מִתַּחַת

232 below

חֲגוֹרָה

233 belt

סַפְסָל

234 bench

עִיקּוּל, סִיבּוּב

235 bend

כָּפַף, עִיקֵּם

236 to bend

בָּארֶט (כּוֹבַע צָרְפָתִי)

237 beret

לְצַד, לְיַד

238 beside

מִלְבַד

גָּלִי אוֹכֶלֶת הַכֹּל **מִלְבַד** תֶּרֶד.

Gali eats everything besides spinach.

239 besides

הַטּוֹב בְּיוֹתֵר

240 best

טוֹב יוֹתֵר

יָרוֹן רוֹאֶה **טוֹב יוֹתֵר** עִם הַמִּשְׁקָפַיִים.

Yaron sees better with glasses.

241 better

בֵּין

242 between

סִינָרִית

243 bib

אוֹפַנַּיִים

244 bicycle

גָּדוֹל

245 big

אוֹפַנַּיִים

246 bike

שְׁטָר

247 bill/banknote*

לוּחַ מוֹדָעוֹת

248 billboard/hoarding*

בִּילְיַארְד

249 billiards/snooker*

קָשַׁר (לִקְשֹׁר)

250 to bind/tie up*

מִשְׁקֶפֶת

251 binoculars

צִיפּוֹר, עוֹף

252 bird

לֵידָה

אָדָם שָׁקַל 3 ק"ג בִּזְמַן הַלֵּידָה.

Adam weighed three kilos at birth.

253 birth

יוֹם הוּלֶדֶת

254 birthday

בִּיסְקְוִיט

255 biscuit

נָגַס, נָשַׁךְ (לִנְגֹּס, לִנְשֹׁךְ)

256 to bite

נְגִיסָה

257 bite

מַר

לַבִּירָה טַעַם מַר.

Beer has a bitter taste.

258 bitter

שָׁחוֹר

259 black

אוּכְמָנִית

260 blackberry

קִיכְלִי הַשַּׁחְרוּר

261 blackbird

לוּחַ

262 blackboard

עִנְבֵי שׁוּעָל

263 blackcurrant

נַפָּח

264 blacksmith

לַהַב

265 blade

הֶאֱשִׁים

אַבָּא הֶאֱשִׁים אֶת גִּיל בְּטָעוּת.

Father wrongly blamed Gil.

266 to blame

דַּף רֵיק

267 blank page

שְׂמִיכָה

268 blanket

הִתְפּוֹצְצוּת

269 blast

לְפוֹצֵץ

270 to blast

אֵשׁ לֶהָבָה

271 blaze

מִקְטוֹרֶן

272 blazer

מַלְבִּין

273 bleach

לִשְׁתֹּת דָּם

274 to bleed

מְעַרְבֵּל

275 blender

עִוֵּר

276 blind

מִיצְמֵץ (לְמַצְמֵץ)

277 to blink

בּוּעָה

278 blister

סוּפַת שֶׁלֶג

279 blizzard

קוּבִּיָּה

280 block

גוּשׁ דִּירוֹת

281 block

חָסַם (לַחְסֹם)

282 to block

בְּלוֹנְדִינִית

283 blond/blonde*

דָּם

284 blood

פְּרִיחָה

285 bloom

לִיבְלֵב (לְלַבְלֵב)

286 to blossom

כֶּתֶם

287 blot

חוּלְצָה

288 blouse

מַהֲלוּמָה

289 a blow to the head

נָשַׁף (לִנְשֹׁף)

290 to blow

כָּחוֹל

291 blue

אוּכְמָנִיּוֹת

292 blueberries

קֵהֶה

בְּסַכִּין קֵהָה קָשֶׁה לַחְתּוֹךְ עַגְבָנִיָּה.

This knife is too blunt to cut the tomato.

293 blunt

הִסְמִיקָה (לְהַסְמִיק)

294 to blush

חֲזִיר בַּר

295 boar

קֶרֶשׁ עֵץ

296 board

לְהִתְרַבְרֵב

אָדָם אוֹהֵב לְהִתְרַבְרֵב.

Adam likes to boast.

297 to boast

סִירָה

298 boat

מַכְבֵּנָה, סִיכַּת שֵׂעָר

299 bobby pin/hairgrip*

גוּף

300 body

לְהַרְתִּיחַ

301 to boil

בּוֹרֶג

302 bolt

עֶצֶם

303 bone

מְדוּרָה

304 bonfire

סֵפֶר

305 book

מַדַּף סְפָרִים

306 bookshelf

בּוּמֶרַנְג

307 boomerang

מַגָּף

308 boot

גְּבוּל

309 border

קָדַח (לִקְדּוֹחַ)

310 to bore

נוֹלְדָה

מִיכַל נוֹלְדָה בַּקַּיִץ.

Michal was born in the summer.

312 born

מַשְׁאִילָה

אוֹרִית מַשְׁאִילָה סְפָרִים בַּסִּפְרִיָּה.

Orit borrows books from the library often.

313 to borrow

מְנַהֵל, בַּעַל עֵסֶק

314 boss

מְשַׁעֲמֵם

הַסֶּרֶט מְשַׁעֲמֵם עַד מָוֶת.

The movie bored me to death.

311 to bore

שְׁנֵיהֶם

מִיקִי וְלִיאוֹר חֲמוּדִים שְׁנֵיהֶם.

Mickey and Lior are both cute.

315 both

בַּקְבּוּק

316 bottle

פּוֹתְחָן

317 bottle opener

קַרְקָעִית

318 bottom

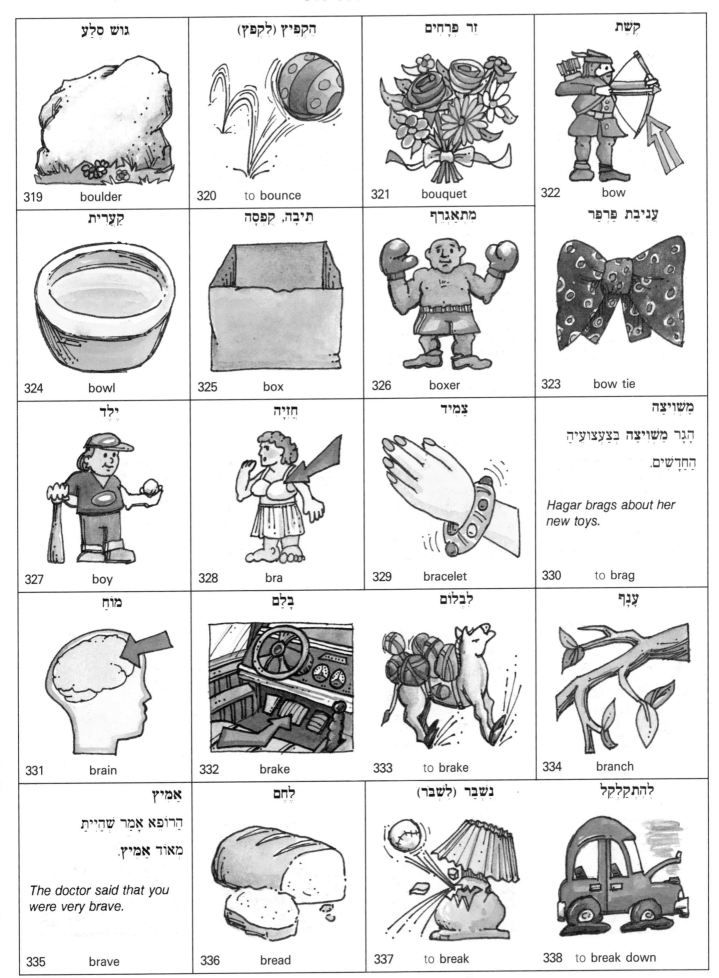

גּוּשׁ סֶלַע	הִקְפִּיץ (לְקַפֵּץ)	זֵר פְּרָחִים	קֶשֶׁת
319 boulder	320 to bounce	321 bouquet	322 bow
קְעָרִית	תֵּיבָה, קֻפְסָה	מִתְאַגְרֵף	עֲנִיבַת פַּרְפַּר
324 bowl	325 box	326 boxer	323 bow tie
יֶלֶד	חֲזִיָּה	צָמִיד	מִשְׁוִיצָה
			הָגָר מַשְׁוִיצָה בְּצַעֲצוּעֶיהָ הַחֲדָשִׁים. *Hagar brags about her new toys.*
327 boy	328 bra	329 bracelet	330 to brag
מוֹחַ	בֶּלֶם	לִבְלוֹם	עָנָף
331 brain	332 brake	333 to brake	334 branch
אַמִּיץ	לֶחֶם	נִשְׁבַּר (לְשָׁבֵר)	לְהִתְקַלְקֵל
הָרוֹפֵא אָמַר שֶׁהָיִיתָ מְאוֹד אַמִּיץ. *The doctor said that you were very brave.*			
335 brave	336 bread	337 to break	338 to break down

פָּרַץ פְּנִימָה (לִפְרֹץ)	אֲרוּחַת בּוֹקֶר	נְשִׁימָה	נָשַׁם (לִנְשֹׁם)
339 to break in	340 breakfast	341 breath	342 to breathe

לְבֵנָה	בַּנַּאי	כַּלָּה	חָתָן
343 brick	344 bricklayer	345 bride	346 bridegroom

גֶּשֶׁר	רֶסֶן	תִּיק	שֶׁמֶשׁ מְסַנְוֶורֶת
347 bridge	348 bridle	349 briefcase	350 bright sun

לְהָבִיא	לְהַחֲזִיר	שָׁבִיר	בְּרוֹקוֹלִי
351 to bring	352 to bring back	353 brittle glass	354 broccoli

סִיכַּת תַּכְשִׁיט	פֶּלֶג	מַטְאֲטֵא	אָח
355 brooch	356 brook	357 broom	358 I love my brother.

גַּבָּה

359 brow

חוּם

360 brown

לְהַבְרִישׁ

362 to brush

מִבְרֶשֶׁת

363 brush

חַבּוּרָה

361 bruise

כְּרוּב נִיצָּנִים

366 brussels sprouts

מִכְחוֹל

364 paintbrush

מִבְרֶשֶׁת שִׁינַּיִים

365 toothbrush

בּוּעָה

367 bubble

דְּלִי

368 bucket

אַבְזָם

369 belt buckle

נִיצָּן

370 bud

תְּאוֹ

371 buffalo

פִּשְׁפֵּשׁ

372 bug

חֲצוֹצְרָה

373 bugle

בָּנָה (לִבְנוֹת)

374 to build

פַּר

375 bull

דַּחְפּוֹר

376 bulldozer

כַּדּוּר

377 bullet

רַמְקוֹל

378 bullhorn/megaphone*

פִּרְחָח	חַבּוּרָה, מַכָּה	פָּגוֹשׁ	חֲבִילָה
379 bully	380 bump	381 bumpers	382 bunch

אֲלוּמָּה	מָצוֹף	פּוֹרֵץ	בָּעַר (לִבְעֹר)
383 bundle	384 buoy	385 burglar	386 to burn

לְהִתְפּוֹצֵץ	קָבַר (לִקְבֹּר)	אוֹטוֹבּוּס	תַּחֲנַת אוֹטוֹבּוּס
387 to burst	388 to bury	389 bus	390 bus stop

שִׂיחַ	עָסוּק	אֲבָל	קַצָּב
		אֲנִי רוֹצֶה לָבוֹא אֲבָל אָסוּר לִי.	
		I would like to come, but I'm not allowed.	
391 bush	392 I am busy now.	393 but	394 butcher

חֶמְאָה	פַּרְפַּר	כַּפְתּוֹרִים	קָנָה (לִקְנוֹת)
395 butter	396 butterfly	397 buttons	398 to buy

כְּרוּב
399 cabbage

בִּיתָן, תָּא
400 cabin

אָרוֹן
401 cabinet

כֶּבֶל
402 cable/lead*

צַבָּר
403 cactus

כְּלוּב
404 cage

עוּגָה
405 cake

מְכוֹנַת חִישׁוּב
406 calculator

לוּחַ שָׁנָה
407 calendar

עֵגֶל
408 calf

קָרְאָה לְ (לִקְרֹא לְ)
409 to call

בּוּטַל

הַטִּיּוּל לְגַן הַחַיּוֹת בּוּטַל בִּגְלַל הַגֶּשֶׁם.

The trip to the zoo was called off because of the rain.

410 to call off

טִלְפְּנָה (לְטַלְפֵּן)
411 to call up/to phone*

רְגוּעָה
412 She is calm.

גָּמָל
413 camel

מַצְלֵמָה
414 camera

לְהָקִים מַחֲנֶה
415 to camp

מַאֲהָל
416 campsite

פַּחִית
417 can

פּוֹתְחָן	תְּעָלָה	בַּזְבּוּז קַנָרִי	נֵר
418 can opener/tin* opener	419 canal	420 canary	421 candle

פָּמוֹט	סוּכָּרִיָּה	מַקֵּל הֲלִיכָה	תּוֹתָח
422 candlestick	423 candy/sweets*	424 cane/walking stick*	425 cannon

לֹא יָכוֹל	סִירַת קָנוּ	מֶלוֹן	קַנְיוֹן
426 I cannot see.	427 canoe	428 cantaloupe	429 canyon

כּוֹבַע	כֵּף	שְׁכְמִיָּה	עִיר הַבִּירָה
			הַמֶּלֶךְ חַי בְּעִיר הַבִּירָה.
			The King lives in the capital.
430 cap	431 cape	432 cape	433 capital

קַפִּיטָן, רַב חוֹבֵל	תְּפִיסָה (לִתְפֹּס)	מְכוֹנִית	שַׁיָּירָה
434 captain	435 to capture	436 car	437 caravan

קְלָפִים	קַרְטוֹן	טִיפְּלָה, (לְטַפֵּל)	רַשְׁלָנִי, לֹא זָהִיר
438　cards	439　cardboard	440　to care	441　He is careless.

| מִטְעָן | צִיפּוֹרֶן | עֲדְלָיָדַע | נַגָּר, נַגָּרִית |
| 442　cargo | 443　carnation | 444　carnival | 445　carpenter |

| שָׁטִיחַ | עֶגְלַת יְלָדִים | גֶּזֶר | לָשֵׂאת |
| 446　carpet | 447　carriage/pram* | 448　carrot | 449　to carry |

| עֲגָלָה | קוּפְסַת קַרְטוֹן | אוּמָנוּת הַחִיתוּךְ (לַחְתּוֹךְ) | אַרְגָּז |
| 450　cart | 451　carton | 452　to carve | 453　case |

| מְזוּמָנִים | אֱגוֹז קָשְׁיוּ | טִירָה | חָתוּל |
| 454　cash | 455　cashew nuts | 456　castle | 457　cat |

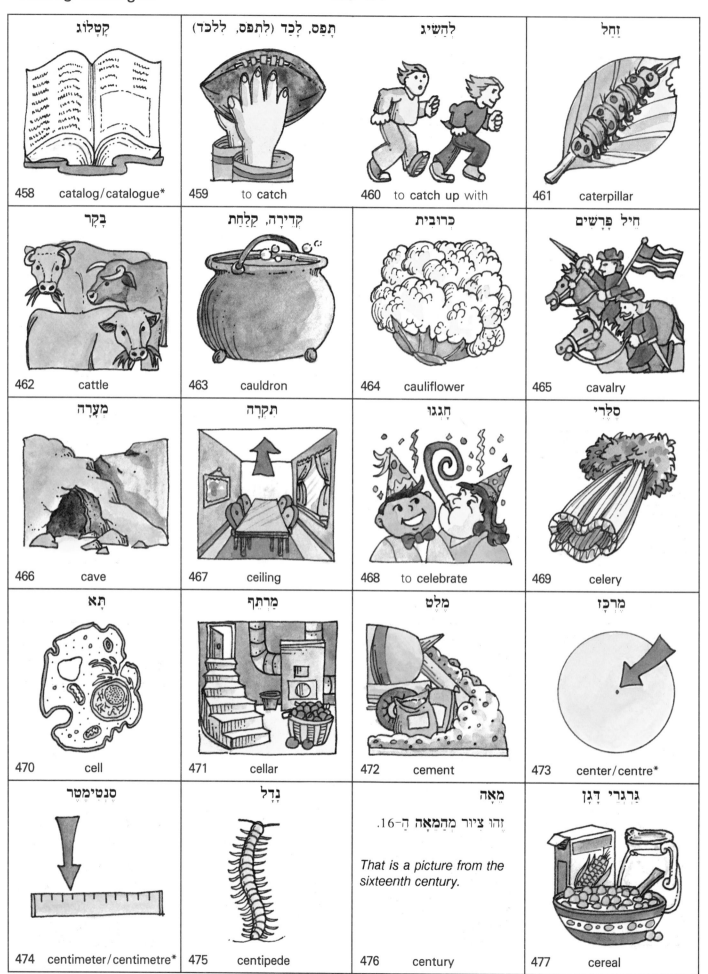

catalog/catalogue* 458-477

קָטָלוֹג

458 catalog/catalogue*

תָּפַס, לָכַד (לִתְפֹּס, לִלְכֹּד)

459 to catch

לְהַשִּׂיג

460 to catch up with

זַחַל

461 caterpillar

בָּקָר

462 cattle

קְדֵירָה, קַלַּחַת

463 cauldron

כְּרוּבִית

464 cauliflower

חֵיל פָּרָשִׁים

465 cavalry

מְעָרָה

466 cave

תִּקְרָה

467 ceiling

חָגְגוּ

468 to celebrate

סֶלֶרִי

469 celery

תָּא

470 cell

מַרְתֵּף

471 cellar

מֶלֶט

472 cement

מֶרְכָּז

473 center/centre*

סֶנְטִימֶטֶר

474 centimeter/centimetre*

נָדָל

475 centipede

מֵאָה

זֶהוּ צִיּוּר מֵהַמֵּאָה הַ-16.

That is a picture from the sixteenth century.

476 century

גַּרְגְּרֵי דָּגָן

477 cereal

מְשׁוּכְנָע אָדָם מְשׁוּכְנָע בְּצִידְקָתוֹ. *Adam is certain that he is right.* 478 certain	**תְּעוּדָה** 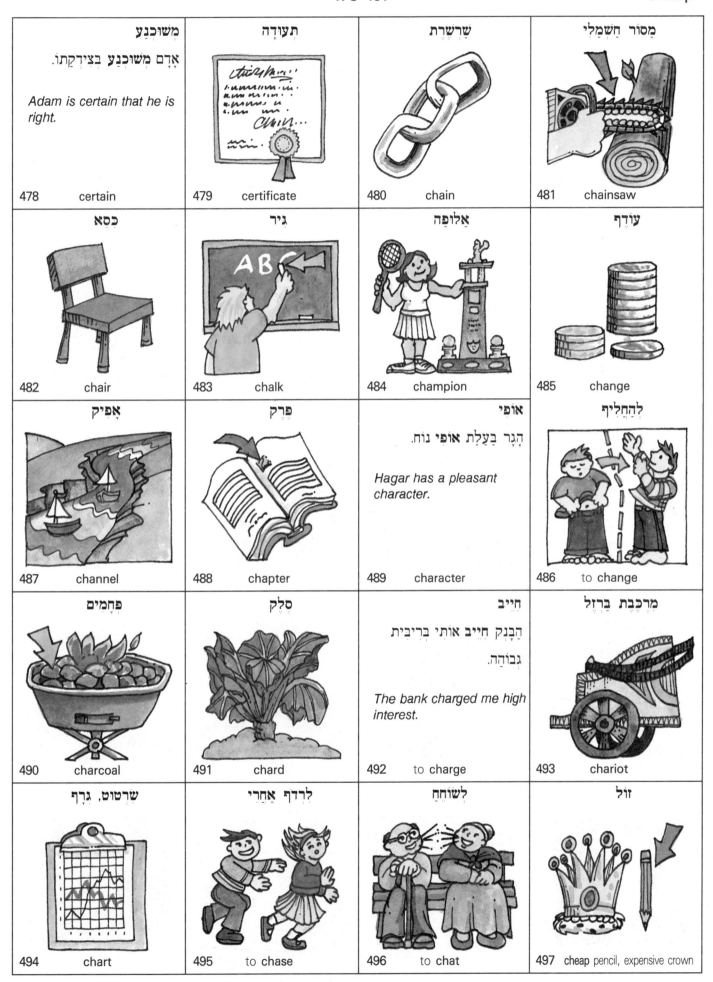 479 certificate	**שַׁרְשֶׁרֶת** 480 chain	**מַסּוֹר חַשְׁמַלִּי** 481 chainsaw

כִּסֵּא 482 chair	**גִּיר** 483 chalk	**אַלּוּפָה** 484 champion	**עוֹדֶף** 485 change

אָפִיק 487 channel	**פֶּרֶק** 488 chapter	**אוֹפִי** הָגָר בַּעֲלַת אוֹפִי נוֹחַ. *Hagar has a pleasant character.* 489 character	**לְהַחֲלִיף** 486 to change

פֶּחָמִים 490 charcoal	**סֶלֶק** 491 chard	**חַיָּיב** הַבַּנְק חִיֵּיב אוֹתִי בְּרִיבִּית גְּבוֹהָה. *The bank charged me high interest.* 492 to charge	**מֶרְכֶּבֶת בַּרְזֶל** 493 chariot

שִׂרְטוּט, גְּרָף 494 chart	**לִרְדּוֹף אַחֲרֵי** 495 to chase	**לְשׂוֹחֵחַ** 496 to chat	**זוֹל** 497 cheap pencil, expensive crown

רִימָּה (לְרַמּוֹת)

498 to cheat

בּוֹדֵק

הַמּוֹרֶה בּוֹדֵק אֶת הַבְּחִינוֹת.

The teacher is checking the tests.

499 to check

לֶחִי

500 cheek

גְּבִינָה

501 cheese

הַמְחָאָה

502 cheque*/check

דּוּבְדְּבָנִים

503 cherries

חָזֶה

504 chest

עַרְמוֹן

505 chestnut

לָעֲסָה (לִלְעֹס)

506 to chew

חִימְצָה, חוּמוּס

507 chick peas

פַּרְגִּית, תַּרְנְגוֹלֶת

508 chicken

אֲבַעְבּוּעוֹת רוּחַ

509 chicken-pox

רָאשִׁי, מְפַקֵּד

510 chief

יַלְדָּה

511 child

קָרִיר

512 a chilly day

אֲרֻבָּה

513 chimney

שִׁמְפַּנְזָה

514 chimpanzee

סַנְטֵר

515 chin

כְּלֵי חֶרֶס

516 china/crockery*

קֵיסָם, שְׁבָב

517 chip

מַפְסֶלֶת

518 chisel

בָּצָל יָרוֹק

519 chives

שׁוֹקוֹלָד

520 chocolate

מַקְהֵלָה

521 choir

חָנַק (לַחֲנֹק)

522 to choke

נֶחֱנַק (לְהֵחָנֵק)

523 to choke on

בָּחַר (לִבְחֹר)

524 to choose

קִיצֵּץ (לְקַצֵּץ)

525 to chop

מַזְלֵג סִינִי

526 chopsticks

כְּרוֹם

527 chrome

חַרְצִית

528 chrysanthemum

חֲתִיכָה, פִּיסָּה

529 a chunk/lump* of coal

סִיגָר

530 cigar

סִיגָרִייָה

531 cigarette

עִיגּוּל

532 circle

קִירְקָס

533 circus

עִיר, כְּרַךְ

534 city

צִדְפָּה

535 clam

מֶלְחָצַיִים

536 clamp

לִמְחֹא כַּפַּיִים

537 to clap

כִּיתָּה

538 classroom

טוֹפֶר

539 claw

חֶרֶס

עֲצִיצִים עֲשׂוּיִים מֵחֶרֶס.

Some pots are made of clay.

540 clay

נְקִיָּיה

541 She is all clean.

מְפַנָּה (לְפַנּוֹת)

542 to clear

צוּק

543 cliff

טִיפֵּס (לְטַפֵּס)

544 to climb

מִרְפָּאָה

545 clinic

גְּזִיזָה (לִגְזוֹז, לְקַצֵּר)

546 to clip

שָׁעוֹן

547 clock

סָגְרָה (לִסְגּוֹר)

548 to close

אָרוֹן בְּגָדִים

549 closet/cupboard*

בַּד

אִמָּא פָּרְשָׂה מַפַּת בַּד עַל הַשּׁוּלְחָן.

Mother spread a tablecloth on the table.

550 cloth

בְּגָדִים

551 clothes

חֶבֶל כְּבִיסָה

552 clothes line

עָנָן

553 cloud

תִּלְתָּן

554 clover

לֵיצָן, מוּקְיוֹן

555 clown

אַלָּה

556 club

רֶמֶז

לְפָחוֹת תֵּן לִי רֶמֶז.

At least give me a clue.

557 clue

מַצְמֵד

558 clutch

אָחַז בְּחוֹזְקָה

559 to clutch

מְאַמֵּן

560 coach

אוֹטוֹבּוּס טִיּוּלִים

561 coach

אִימֵּן

יָרוֹן אִימֵּן אֶת הַקְּבוּצָה.

Yaron coached the team.

562 to coach

פֶּחָם

563 coal

גַּסָּה

דְּרוֹר מְדַבֵּר בְּשָׂפָה גַּסָּה.

Dror uses coarse language.

564 coarse

חוֹף הַיָּם

565 coast

מְעִיל

566 coat

קוּרֵי עַכָּבִישׁ

567 cobweb

קָקָאוֹ

568 cocoa

קוֹקוֹס

569 coconut

בַּקָּלָה (דג)

570 cod

קָפֶה

571 coffee

אֲרוֹן מֵתִים

572 coffin

סְלִיל

573 coil

מַטְבֵּעַ

574 coin

קַר לִי

575 I am cold.

צַוָּארוֹן

576 collar

אָסְפָה (לֶאֱסֹף)

577 to collect

מִדְרָשָׁה

578 college

הִתְנַגְּשׁוּ (לְהִתְנַגֵּשׁ עִם)

579 to collide

הִתְנַגְּשׁוּת

580 collision

צֶבַע

581 color/colours*

סְיָח

582 colt

עַמּוּד

583 column

מַסְרֵק

584 comb

סָרְקָה (לִסְרֹק)

585 to comb

אִיחֵד (לְאַחֵד)

586 combine

לָבוֹא

תַּגִּיד לְרוֹנִי **לָבוֹא** לְשַׂחֵק.

Tell Roney to come and play.

587 to come

לְהִתְפָּרֵק

588 to come off

לַחֲזֹר לְאֵיתָנוֹ, לְהִתְאוֹשֵׁשׁ

589 to come to

נוֹחַ

590 comfortable

פְּסִיק

591 comma

צִיּוְּתָה (לְצַוּוֹת)

592 to command

קְהִילָה

בַּקְּהִילָה הֶחְלִיטוּ לְהָקִים סִפְרִיָּה.

Building the library was a community decision.

593 community

חָבֵר

594 companion

בְּחֶבְרָה

595 I am in good **company**.

הִשְׁוָה עִם (לְהַשְׁווֹת)

596 to compare

מַצְפֵּן

597 My **compass** points north.

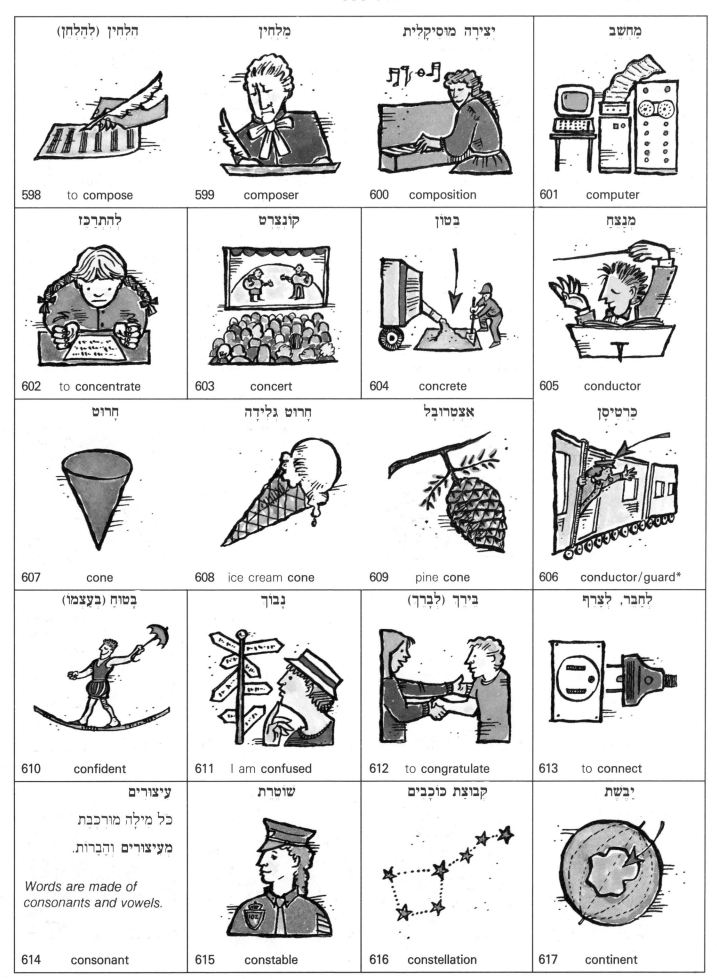

הַלְחִין (לְהַלְחִין)	מַלְחִין	יְצִירָה מוּסִיקָלִית	מַחְשֵׁב
598 to **compose**	599 **composer**	600 **composition**	601 **computer**

לְהִתְרַכֵּז	קוֹנְצֶרְט	בֶּטוֹן	מְנַצֵּחַ
602 to **concentrate**	603 **concert**	604 **concrete**	605 **conductor**

חָרוּט	חָרוּט גְּלִידָה	אִצְטְרוּבָּל	כַּרְטִיסָן
607 **cone**	608 ice cream **cone**	609 pine **cone**	606 **conductor/guard***

בָּטוּחַ (בְּעַצְמוֹ)	נָבוֹךְ	בֵּירֵךְ (לְבָרֵךְ)	לְחַבֵּר, לְצָרֵף
610 **confident**	611 I am **confused**	612 to **congratulate**	613 to **connect**

עִיצוּרִים כָּל מִילָה מוּרְכֶּבֶת מֵעִיצוּרִים וַהֲבָרוֹת. *Words are made of consonants and vowels.*	שׁוֹטֶרֶת	קְבוּצַת כּוֹכָבִים	יַבֶּשֶׁת
614 **consonant**	615 **constable**	616 **constellation**	617 **continent**

שִׂיחָה	טַבָּח	לְבַשֵּׁל	עוּגִית
618 conversation	619 Dad is a good **cook**.	620 He **cooks** breakfast.	621 cookie/biscuit*
מִים קָרִים	נְחוֹשֶׁת	לְהַעְתִּיק	אַלְמוֹג
622 My hand is in the **cool** water.	623 copper	624 to **copy**	625 coral
חֶבֶל	פְּקָק	חוֹלֵץ פְּקָקִים	תִּירָס
626 cord	627 cork	628 corkscrew	629 corn/maize*
פִּנָּה	גְּוִיָּה	מִסְדְּרוֹן	חֲלָלַאי
630 corner	631 corpse	632 corridor	633 cosmonaut/astronaut*
תִּלְבּוֹשֶׁת מְפוֹאֶרֶת	בֵּית כַּפְרִי	כּוּתְנָה	סַפָּה
634 costume	635 cottage	636 cotton	637 couch/sofa*

לְהִשְׁתַּעֵל

638 to cough

סָפַר, מָנָה (לִסְפֹּר, לִמְנוֹת)

639 to count

מוֹנֶה

640 counter

דֶּלְפֵּק

641 counter

כְּפָר

642 country

מְדִינָה

643 country

זוּג

644 couple

אוֹמֶץ לֵב

645 courage

מִגְרַשׁ (טֶנִיס)

646 court

דוֹדָנִית

647 My **cousin** is my uncle's daughter.

כִּיסָּה (לְכַסּוֹת)

648 to cover

מִכְסֶה

649 cover

פָּרָה

650 cow

פַּחְדָן

651 This boy is a **coward**.

בּוֹקֵר

652 cowboy

סַרְטָן

653 crab

סֶדֶק

654 crack

פַּכְסָם

655 cracker

עֲרִיסָה

656 cradle

עָגוּר

657 crane

עֲגוּרָן

658 crane

לְהִתְנַפֵּץ, לְהִתְרַסֵּק

659 to crash

תֵּיבָה

660 crate

זָחַל (לִזְחֹל)

661 to crawl

סַרְטַן מַיִם אֲרוֹךְ־זָנָב

662 crayfish

צִבְעֵי עִפָּרוֹן

663 crayons

שַׁמֶּנֶת

אַבָּא אוֹהֵב שַׁמֶּנֶת בְּקָפֶה.

Dad likes cream in his coffee.

664 cream

קֶמֶט

665 crease

יְצוּר

666 creature

פֶּלֶג

667 creek

צֶוֶת

668 the crew

עֲרִיסָה

669 crib/cot*

צְרָצַר

670 cricket

פּוֹשֵׁעַ

671 criminal

תַּנִּין

672 crocodile

כַּרְכּוֹם

673 crocus

נוֹכֵל

674 crook

עָקוֹם

675 crooked post

לֹא יָשָׁר

676 crooked painting, upright tower

יְבוּל, תְּנוּבָה

677 crop

צֶלָב	חֲצוּ (לַחֲצוֹת)	מְחִיקָה (לִמְחֹק)	עוֹרֵב
678 cross	679 to cross	680 to cross out	681 crow

קָהָל	כֶּתֶר	לְהַכְתִּיר	פֵּירוּר, פֵּרוּרִים
682 A big **crowd** in a small space.	683 crown	684 to crown	685 crumb

מְעִיכָה (לַמְעֹךְ)	קְרוּם	מִשְׁעֶנֶת, קַב	בְּכִי (לִבְכּוֹת)
686 to crush	687 crust	688 crutch	689 to cry

בְּדוֹלַח	גּוּר דּוּבִּים	קוּבִּיָּה	קוּקִיָּה
690 crystal	691 cub	692 cube	693 cuckoo

מְלָפְפוֹן	שַׁרְווּלִית	סֵפֶל תֵּה	אֲרוֹן כֵּלִים
694 cucumber	695 cuff	696 cup	697 cupboard

קְצֵה הַמִּדְרָכָה

698 curb/kerb*

נִרְפָּא

699 I am cured.

לְתַלְתֵּל

700 to curl

מְתוּלְתֶּלֶת

701 curly

סַקְרָנִית

702 curious

דּוּמְדְּמָנִית הַלְּבָנוֹן

703 currant

זֶרֶם

704 current

וִילוֹן

705 curtains

עִקּוּל

706 curve

כָּרִית

707 cushion

לָקוֹחַ

708 customer

חָתַךְ (לַחְתֹּךְ)

709 to cut

נֶחְמָדָה

712 cute/sweet*

סַכּוּ"ם

713 cutlery

אוֹפַנַּיִם

714 cycle

לְהִדָּחֵק, לְהִכָּנֵס מִן הַצַּד

710 to cut in

גָּלִיל

715 cylinder

מְצִלְתַּיִם

716 cymbals

עֵץ תְּאַשּׁוּר

717 cypress

גָּזַר (לִגְזֹר)

711 to cut out

D	נַרְקִיס 718 daffodil	פִּגְיוֹן 719 dagger	עִתּוֹן יוֹמִי 720 daily
מַחְלָבָה 721 dairy	חַרְצִית בָּר 722 daisy	סֶכֶר 723 dam	נִיזּוֹק 724 damaged
רְטִיבוּת 725 damp	רִיקּוּד (לִרְקֹד) 726 to dance	רַקְדָּנִית 727 dancer	שִׁינָּן, שֵׁן-הָאֲרִי 728 dandelion
סַכָּנָה 729 danger	חוֹשֶׁךְ 730 dark	חֵץ 731 dart	לוּחַ הַמַּחְוָנִים 732 dashboard
תַּאֲרִיךְ 733 date	בַּת 734 daughter	יוֹם 735 the start of a nice **day**	מֵת 736 **dead** mouse

חֵרֵשׁ

737 deaf

יְקָרָה

אִמָא יְקָרָה, הַטִיוּל

לְחֵיפָה הָיָה . . .

Dear Mom, the trip to Haifa was . . .

738 dear

דֶצֶמְבֶּר

739 December

לְהַחְלִיט

מִיכַל חַיֶיבֶת לְהַחְלִיט עַל

תַחְפֹּשֶׂת לַמְסִיבָּה.

Michal must decide what costume to wear to the party.

740 to decide

סִיפּוּן

741 deck

לְקַשֵׁט

742 to decorate

קִישׁוּט

743 decoration

עָמוֹק

744 deep end

צְבִי

745 deer

לִמְסֹר בַּיָד

746 to deliver

מִשְׁקָע (לִשְׁקֹעַ)

747 to dent

רוֹפֵא שִׁנַיִים

748 dentist

כֹּל בּוֹ

749 department store

מִדְבָּר

750 desert

שׁוּלְחַן כְּתִיבָה

751 desk

קִינוּחַ סְעוּדָה

752 dessert

לְהַשְׁמִיד

753 to destroy

מַשְׁחֶתֶת

754 destroyer

בַּלָשׁ

755 detective

טַל

756 dew

אֲלַכְסוֹנִי	תַּרְשִׁים	יַהֲלוֹם	חִיתוּל
757 diagonal	758 diagram	759 diamond	760 diaper/nappy*

יוֹמָן	מִילוֹן	מֵת, דָּעַךְ (לָמוּת, לִדְעֹךְ)	הֶבְדֵּל
			יֵשׁ הֶבְדֵּל בֵּין יוֹם לְלַיְלָה.
			There's quite a difference between night and day.
761 diary	762 dictionary	763 to die	764 difference

שׁוֹנִים	חָפַר (לַחְפֹּר)	עִיכֵּל (לְעַכֵּל)	עָמוּם
765 different people	766 to dig	767 The snake **digests** an elephant.	768 dim

גּוּמַת חֵן	מְטוֹנָף	חֲדַר אֹכֶל	אֲרוּחַת עֶרֶב
769 dimple	770 dinghy	771 dining room	772 dinner

דִּינוֹסָאוּרוֹס	כִּיוּוּן	רֶפֶשׁ	מְלוּכְלָךְ
773 dinosaur	774 direction	775 dirt	776 dirty

חִילוּקֵי דֵעוֹת (לַחֲלֹק עַל)

777 to **disagree**

נֶעֱלַם (לְהֵעָלֵם)

778 to **disappear**

אָסוֹן

779 **disaster**

לְגַלּוֹת

780 to **discover**

לְשׂוֹחֵחַ

781 to **discuss**

מַחֲלָה

782 **disease**

תַּחְפֹּשֶׂת

783 **disguise**

כֵּלִים

784 **dishes**

לֹא יָשָׁר

785 a **dishonest** person

מַיִם לִרְחִיצַת כֵּלִים

786 **dishwater**

לֹא חִיבְּבָה

787 to **dislike**

לְמוֹסֵס

788 to **dissolve**

מֶרְחָק

789 **distance** between two trees

מְרוּחָק

790 a **distant** tree

מָחוֹז

791 **district**

תְּעָלַת נִיקּוּז

792 **ditch**

צָלַל (לִצְלֹל)

793 to **dive**

חִילֵּק (לְחַלֵּק)

794 to **divide**

סְחַרְחוֹרֶת

795 I feel **dizzy.**

מָה אֲנִי צָרִיךְ לַעֲשׂוֹת ?

796 What shall I **do**?

רְצִיף	רוֹפֵא	כֶּלֶב	בּוּבָּה
797 dock	798 doctor	799 dog	800 doll

דּוֹלְפִין	כִּיפָּה	חֲמוֹר	דֶּלֶת
801 dolphin	802 dome	803 donkey	804 door

יָדִית הַדֶּלֶת	כָּפוּל	בָּצֵק	יוֹנָה
805 doorknob	806 double	807 dough	808 dove

מַעֲטֵה נוֹצוֹת	תְּנוּמָה (לָנוּם)	תְּרֵיסָר	נִגְרַר (לִגְרֹר)
809 down	810 to doze	811 dozen	812 to drag

דְּרָקוֹן	שַׁפִּירִית	נֶקֶז	לְצַיֵּיר
813 dragon	814 dragonfly	815 drain/plug hole*	816 to draw

גֶּשֶׁר זְחִיחַ	מְגִירָה	חֲלוֹם	לַחֲלֹם
817 drawbridge	818 drawer	819 a nice **dream**	820 I **dream** of sheep.
שִׂמְלָה	לִלְבֹּשׁ	אֲרוֹן מְגֵרוֹת	לְטַפְטֵף
821 dress	822 to dress	823 dresser/chest of drawers*	824 to dribble
נִסְחַף (לְסְחֹף)	לִקְדֹּחַ	מַקְדֵּחַ	מַשְׁקֶה
825 to drift	826 to drill	827 drill	828 drink
דּוֹלֵף (לִדְלֹף)	נְהִיגָה זְהִירָה (לִנְהֹג)	נָהָג פָּרוּעַ	שָׁתָה (לִשְׁתּוֹת)
830 to drip	831 I **drive** carefully.	832 crazy **driver**	829 to drink
גֶּשֶׁם דַּק גֶּשֶׁם דַּק יָרַד כָּל הַיּוֹם. *It drizzled all day.*	לְהַזִּיל רִיר	טִפָּה	לְהַפִּיל
833 drizzle	834 to drool	835 drop	836 to drop

לִקְפּוֹץ לְבַקֵּר	בְּדַרְכּוֹ לַעֲבוֹדָה מוֹרִיד אַבָּא אֶת הֶחָתוּל בְּמִרְפָּאָה.	לְנַשֵּׁר	מְנֻמְנָם
837 to **drop in**	838 Dad **drops off** the cat at the vet.	839 to **drop out**	840 I feel **drowsy**.
תּוֹף	יָבֵשׁ	לְהִתְיַיבֵּשׁ	נִיקּוּי יָבֵשׁ
841 drum	842 dry	843 to dry	844 dry cleaner
מְיַיבֵּשׁ כְּבִיסָה	דוּכָּסִית	בַּרְווָז	דּוּ קְרָב
845 dryer	846 duchess	847 duck	848 duel
דּוּכָּס	מִזְבָּלָה	לְהַשְׁלִיךְ	רֶכֶב לְסִילּוּק אֲבָנִים
849 duke	850 dump	851 to dump	852 dumptruck/lorry*
תָּא מַאֲסָר	בֵּין עַרְבַּיִם	אָבָק	גַּמָּד
853 dungeon	854 dusk	855 dust	856 dwarf

לְכֹל אֶחָד

857 Each rabbit has a carrot.

נֶשֶׁר

858 eagle

אוֹזֶן

859 ear

מוּקְדָם

860 early

מִשְׁתַּכֶּרֶת

אִמָּא מִשְׁתַּכֶּרֶת מַשְׂכּוֹרֶת יָפָה.

Mom earns a good wage.

861 to earn

כַּדּוּר הָאָרֶץ

862 Earth

אֲדָמָה

863 earth

רְעִידַת אֲדָמָה

864 earthquake

חֲצוּבָה

865 easel

מִזְרָח

E

866 east

קַל

867 Swimming is **easy.**

אָכַל (לֶאֱכֹל)

868 to eat

לֶאֱכֹל אֲרוּחַת בּוֹקֶר

869 to eat breakfast

לֶאֱכֹל אֲרוּחַת צָהֳרַיִים

870 to eat lunch

לֶאֱכֹל אֲרוּחַת עֶרֶב

871 to eat dinner/supper*

הֵד

872 echo

לִיקוּי חַמָּה

873 eclipse

קָצֶה

874 The tree is at the **edge.**

צְלוֹפָח

875 eel

בֵּיצָה

876 egg

חָצִיל

877 eggplant/aubergine*

שְׁמוֹנֶה

878 eight

שְׁמִינִי

879 eighth

מָתִיחַ

880 elastic

מַרְפֵּק

881 elbow

בחירות

הַפַּרְלָמֶנְט נִבְחַר בְּבְחִירוֹת כְּלָלִיּוֹת.

The parliament was chosen in a general election.

882 election

חַשְׁמְלַאי

883 electrician

חַשְׁמַל

884 electricity

פִּיל

885 elephant

מַעֲלִית

886 elevator/lift*

דִּישׁוֹן

887 elk

בּוּקִיצָה (עֵץ)

888 elm

לְהַבִּיךְ

889 to embarrass

חִיבֵּק (לְחַבֵּק)

890 to embrace

רִקְמָה

891 embroidery

חֵירוּם

892 emergency

רֵיק

893 The jar is empty.

סוֹף

894 This is the end.

אוֹיְבִים

895 enemies

מָנוֹעַ

896 engine

נַהַג קַטָר

897 engineer/engine driver*

נֶהֱנָה (לֵהָנוֹת)

898 to enjoy

עֲנָקִי

899 **enormous** dinosaur

מַסְפִּיק

900 That is **enough.**

נִכְנַס (לְהִכָּנֵס)

901 to enter

כְּנִיסָה

902 entrance

מַעֲטָפָה

903 envelope

שָׁוֶוה

904 equal

קַו הַמַשְׁוֶה

905 equator

שְׁלִיחוּת

אָדָם יָצָא לַמַכּוֹלֶת בִּשְׁלִיחוּת אָבִיו.

Adam ran an errand for his father.

906 errand

מַדְרֵגוֹת נָעוֹת

907 escalator

נֶחֱלַץ (לְהֵחָלֵץ)

908 to escape

אֵירוֹפָּה

909 Europe

הִתְנַדְּפוּת

910 evaporation

שָׁוֶה, זוּגִי

911 Four is an **even** number.

מְאוּזָּן, חָלָק

912 an **even** surface

יְרוֹק עַד

913 evergreen

כָּל

לִיאוֹר מְצַחְצֵחַ אֶת שִׁנָּיו כָּל עֶרֶב.

Lior brushes his teeth every evening.

914 every

בְּחִינָה

915 exam

בָּחֲנָה (לִבְחֹן)

916 to examine

דוּגְמָא

תֵּן לִי דוּגְמָא שֶׁאָבִין.

Give an example that I will understand.

917 example

סִימַן קְרִיאָה

918 exclamation mark

סְלַח לִי

919 Excuse me!

תִּרְגְּלָה (לְהִתְרַגֵּל)

920 to exercise

קַיָּים

"אֵין דָּבָר כָּזֶה" אָמַר דָּנִי,

"זֶה לֹא קַיָּים".

"There is no such thing," said Danny, "It does not exist."

921 to exist

יָצָא (לָצֵאת)

922 to exit/leave*

לְהִתְרַחֵב

923 to expand

מְצַפֶּה

אַבָּא מְצַפֶּה מִמְּךָ שֶׁתִּתְנַהֵג

כָּרָאוּי.

Dad expects you to be good.

924 to expect

יָקָר

925 expensive

נִיסּוּי

926 experiment

מוּמְחֶה

927 expert

מַסְבִּיר (לְהַסְבִּיר)

928 to explain

לְסַיֵּר

929 to explore

פִּיצּוּץ

930 explosion

מַטְפֵּה

931 extinguisher

עַיִן

932 eye

גַּבָּה

933 eyebrow

מִשְׁקָפַיִם

934 eyeglasses/spectacles*

רִיס הָעַיִן

935 eyelash

מָשָׁל

936 fable

פָּנִים

937 face

בֵּית חֲרוֹשֶׁת

938 factory

נִכְשַׁל (לְהִכָּשֵׁל)

939 to fail

פִּיגּוּר

940 to fail

יָרִיד

941 fair

פֵיָה

942 fairy

אֱמוּ·נָה

לְהָגָר יֵשׁ אֱמוּ·נָה
בְּדַרְכָּהּ.

Hagar has faith in her ways.

943 faith

זִיּוּף

944 fake painting

שַׁלֶּכֶת, סְתָו

945 fall/autumn*

נְפִילָה (לִפּוֹל)

946 to fall

נָפַל (לִפֹּל)

947 to fall down

נָפְלָה מִ (לִפֹּל מִ)

948 to fall off

אַזְעָקַת שָׁוְא

949 false alarm

מִשְׁפָּחָה

950 family

מְפוּרְסֶמֶת

951 famous actress

מְאַוְורֵר

952 fan

מְהוּדָּר

953 fancy clothes

שֵׁן אֶרֶס

954 fang

רָחוֹק
955 The city is **far** away.

שָׁלוֹם, בִּרְכַּת פְּרֵידָה
956 **Farewell** !

חַוָּה
957 **farm**

אִיכָּר
958 **farmer**

מָהִיר
959 **fast**

הִידְקָה (לְהַדֵּק)
960 I **fasten** my seatbelt.

שָׁמֵן
961 **fat**

גּוֹרֵם מָוֶות
962 **fatal**

אָב
963 **father**

בֶּרֶז
964 **faucet/tap***

אַשְׁמָה
965 Whose **fault** is it?

טוֹבָה

רָצִיתִי לְבַקֵּשׁ מִמְּךָ טוֹבָה.

Can you do me a favor?

966 **favor/favour***

מוּעֲדָף
967 **favorite/favourite***

פַּחֲדָה (לְפַחֵד)
968 to **fear** the worst

סְעוּדָה
969 **feast**

נוֹצָה
970 **feather**

פֶּבְּרוּאָר
971 **February**

הֶאֱכִילָה (לְהַאֲכִיל)
972 to **feed**

מַרְגִּישׁ (לְהַרְגִּישׁ)
973 I **feel** well.

נְקֵבָה
974 **female**

גָּדֵר

975 fence

פָּגוֹשׁ

976 fender/wing*

שָׂרָךְ

977 fern

מַעְבּוֹרֶת

978 ferry

חֲגִיגָה

979 festival

חוֹם (בַּגּוּף)

980 fever

מְעַטִּים

981 Few people came.

שָׂדֶה

982 field

חֲמִישִׁית

983 fifth

נִלְחַם (לְהִלָּחֵם)

984 to fight

פָּצְרָה (לִפְצֹר)

985 to file

לִסְתֹּם

986 to fill

סֶרֶט

988 film

מְטוּנָּף

989 filthy

סְנַפִּיר

990 fin

מִילֵּא (לְמַלֵּא)

987 to fill up

קְנָס

991 fine

אֲנִי בְּסֵדֶר

992 I am fine.

אֶצְבַּע

993 finger

טְבִיעַת אֶצְבָּעוֹת

994 fingerprint

סִיֵּים (לְסַיֵּם)

995 to finish

אַשׁוּחַ

996 fir

אֵשׁ

997 fire

מְכוֹנִית כִּיבּוּי

998 fire engine

מוֹצָא חֵירוּם

999 fire escape

זִיקוּקֵי אֵשׁ

1000 firecracker/banger*

כַּבַּאי

1001 firefighter

אָח

1002 fireplace

הֶחְלֵטִית

קְבִיעָתוֹ שֶׁל אָבָּא הִיא הֶחְלֵטִית.

Father made a firm decision.

1003 firm

רִאשׁוֹן

1004 first

דָּג

1005 fish

דַּיִג (לָדוּג)

1006 to fish

קֶרֶס , חַכָּה

1007 fishhook

אֶגְרוֹף

1008 fist

חָמֵשׁ

1009 five

תִּיקֵּן (לְתַקֵּן)

1010 to fix

דֶּגֶל

1011 flag

פְּרוּר שֶׁלֶג

1012 flake

שַׁלְהֶבֶת

1013 flame

לְהַצְלִיף

1014 to flap

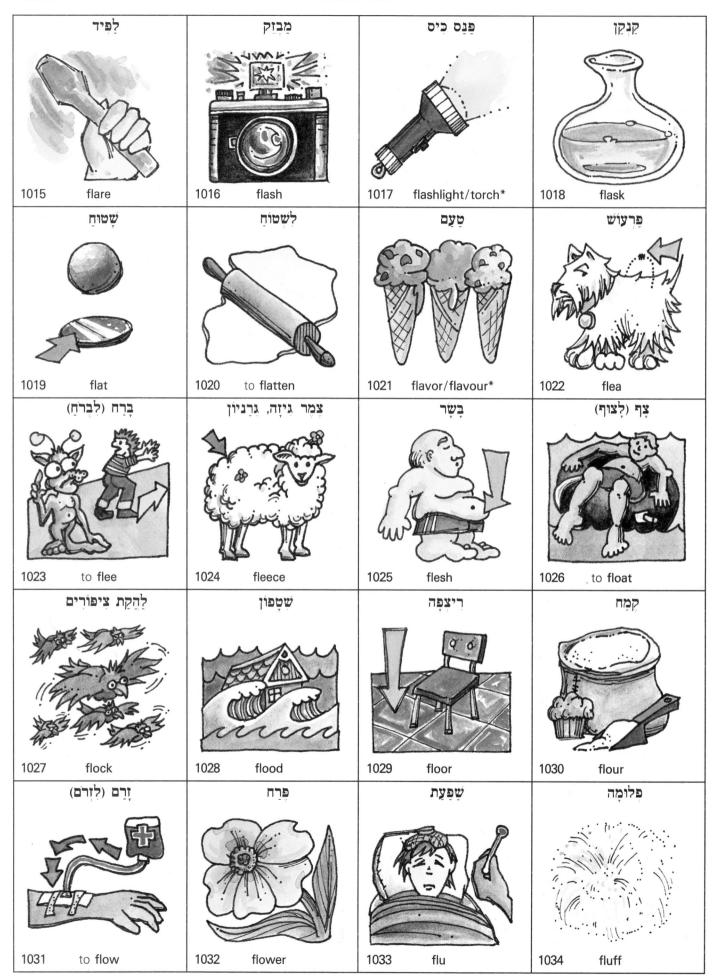

לַפִּיד
1015 flare

מַבְזֵק
1016 flash

פַּנַס כִּיס
1017 flashlight/torch*

קַנְקַן
1018 flask

שָׁטוּחַ
1019 flat

לְשַׁטּוֹחַ
1020 to flatten

טַעַם
1021 flavor/flavour*

פַּרְעוֹשׁ
1022 flea

בָּרַח (לִבְרֹחַ)
1023 to flee

צֶמֶר גִּיזָה, גְּרַנְיוֹן
1024 fleece

בָּשָׂר
1025 flesh

צָף (לָצוּף)
1026 to float

לַהֲקַת צִיפּוֹרִים
1027 flock

שִׁטָּפוֹן
1028 flood

רִיצְפָּה
1029 floor

קֶמַח
1030 flour

זָרַם (לִזְרֹם)
1031 to flow

פֶּרַח
1032 flower

שַׁפַּעַת
1033 flu

פְּלוּמָה
1034 fluff

נוֹזֵל

1035 fluid

זְבוּב

1036 fly

רוֹכְסָן

1037 fly

עָף (לָעוּף)

1038 to fly

קֶצֶף

1039 foam

עֲרָפֶל

1040 fog

לְקַפֵּל

1041 to fold

לָבוֹא אַחֲרֵי

1042 to follow

אוֹכֶל

1043 food

רֶגֶל

1044 foot

כַּדוּרֶגֶל אֲמֵרִיקָנִי

1045 American football

עִקְבָה

1046 footprint

דְּרִיסַת רֶגֶל

1047 footsteps

בִּשְׁבִיל

אֶחָד בִּשְׁבִיל כּוּלָם

-כּוּלָם בִּשְׁבִיל אֶחָד.

One for all and all for one

1048 for

לְהַכְרִיחַ

1049 to force

מֵצַח

1050 forehead

יַעַר

1051 forest

לִשְׁכֹּחַ

תִּשְׁכַּח מִזֶּה !

Forget it!

1052 to forget

סוֹלַחַת

זוּ הַפַּעַם הָאַחֲרוֹנָה שֶׁאֲנִי

סוֹלַחַת לְךָ.

This is the last time that I forgive you.

1053 to forgive

מַזְלֵג

1054 fork

מֶלְגֵּזָה	תַּבְנִית	מִבְצָר	קָדִימָה
			בְּמַעֲבָר לִשְׁעוֹן קַיִץ מְזִיזִים אֶת הַמְּחוֹגִים קָדִימָה.
			We move the clock forward during daylight savings time.
1055 forklift	1056 form/tailor's dummy*	1057 fort	1058 forward
מְאֻבָּן	מָאוּס	יְסוֹד	מִזְרָקָה
1059 fossil	1060 foul odor/odour*	1061 foundation	1062 fountain
שׁוּעָל	חֵלֶק	שָׁבִיר	מִסְגֶּרֶת
1063 fox	1064 fraction	1065 fragile	1066 frame
נְמָשִׁים	חׇפְשִׁי	לְהַקְפִּיא	טָרִי
1067 freckle	1068 free	1069 to freeze	1070 fresh
יוֹם שִׁישִׁי	מְקָרֵר	יְדִידוּת	הַפְחָדָה (לְהַפְחִיד)
טַל וְגִיל אוֹכְלִים בְּיוֹם שִׁישִׁי אֵצֶל סָבָא וְסָבְתָא.			
Tal and Gil eat dinner with their grandparents every Friday.			
1071 Friday	1072 fridge	1073 friends	1074 to frighten

צְפַרְדֵּעַ

1075 frog

אֲנִי מִכּוֹכַב הַלֶּכֶת מַאְדִּים.

1076 I am from Mars.

חֲזִית

1077 front

כְּפוֹר

1078 frost

זָעַם (לִזְעֹם)

1079 to frown

פֵּירוֹת

1080 fruit

טִיגֵן (לְטַגֵּן)

1081 to fry

מַחֲבַת

1082 frying pan

דֶּלֶק

1083 Cars need fuel.

גָּדוּשׁ

1084 full

שַׁעֲשׁוּעַ

1085 having fun

קֶרֶן

1086 charity fund

הַלְוָיָה

1087 funeral

מַשְׁפֵּךְ

1088 funnel

מַצְחִיק

דָּבָר מַצְחִיק קָרָה לִי

בַּדֶּרֶךְ לְבֵית הַסֵּפֶר.

A funny thing happened to me on the way to school.

1089 funny

פַּרְוָה

1090 fur coat

כִּבְשָׁן

1092 furnace/boiler*

רָהִיטִים

1093 furniture

נָתִיךְ

1094 fuse

שָׂעִיר

1091 furry

סוּפָה

1095 gale

גַּלֶּרְיָה

1096 gallery

דְּהִירָה (לִדְהֹר)

1097 to gallop

מִשְׂחָק

1098 game

אַוָּז

1099 gander

חֲבוּרָה

1100 gang

פַּעַר

1101 gap

מוּסָךְ

1102 garage

אַשְׁפָּה

1103 garbage/rubbish*

פַּח אַשְׁפָּה

1104 garbage can/rubbish bin*

גַּן יָרָק

1105 vegetable **garden**

לְגַרְגֵּר

1106 to gargle

שׁוּם

1107 garlic

בִּירִית

1108 garter

גַּז

אִמָּא מְבַשֶּׁלֶת עַל כִּירַיִים

שֶׁל גַּז.

Mom cooks on a gas stove.

1109 gas

דֶּלֶק

1110 gas/petrol*

דַּוְושַׁת דֶּלֶק

1111 gas pedal/accelerator*

מַשְׁאֵבַת דֶּלֶק

1112 gas/petrol pump*

תַּחֲנַת דֶּלֶק

1113 gas/petrol station*

שַׁעַר

1114 **gate**

אָסְפָה (לֶאֱסֹף)

1115 to **gather**

גַּלְגַּלֵּי שִׁינַּיִים

1116 **gears**

אֶבֶן טוֹבָה

1117 **gem**

אַלּוּף

1118 **general**

נָדִיב

1119 a **generous** friend

עָדִין

1120 a **gentle** person

בֶּן תַּרְבּוּת

1121 **gentleman**

אֲמִיתִּי

1122 a **genuine** pig

גֵּיאוֹגְרַפְיָה

1123 **geography**

מְקוֹר הָאֲנָפָה, גֶּרַנְיוֹן

1124 **geranium**

עַכְבַּר רִיצָה

1125 **gerbil**

נָגִיף

1126 **germ**

לִתְפּוֹס

1127 **Get** that mouse!

לְקַבֵּל בַּחֲזָרָה

1128 I want to **get** it **back**.

לְהִכָּנֵס

1129 to **get in** the pool

יוֹרֶדֶת מִ (לָרֶדֶת מִ)

1130 to **get off**

עוֹלָה עַל (לַעֲלוֹת עַל)

1131 to **get on**

זוֹרֶקֶת, (לְהִפָּטֵר)

1132 to **get rid of**

מִתְעוֹרֶרֶת, (לְהִתְעוֹרֵר)

1133 to **get up**

רוּחַ הַמֵּת	עֲנָק	מַתָּנָה	לִוְיָתָן עֲנָק
1134 ghost	1135 giant	1136 gift	1137 gigantic
גִּיחוּךְ (לִגְחֵךְ)	זִים	זַנְגְּבִיל	עוּגַת זַנְגְּבִיל
1138 to giggle	1139 gills	1140 ginger	1141 gingerbread
צוֹעֲנִי	גִּ'ירָף	יַלְדָּה	נָתְנָה (לָתֵת)
1142 gipsy	1143 giraffe	1144 girl	1145 to give
קַרְחוֹן	אֲנִי שָׂמֵחַ	זְכוּכִית	הֶחֱזִירָה (לְהַחֲזִיר)
1148 glacier	1149 I am glad.	1150 glass	1146 to give back
מִשְׁקָפַיִם	לְהַחֲלִיק	כּוֹס	אֲנִי נִכְנָע
1152 glasses	1153 to glide	1151 glass	1147 I give up!

דָאוֹן	כְּפָפוֹת	דֶּבֶק	הָלְכָה (לָלֶכֶת)
1154 glider	1155 gloves	1156 glue	1157 to go

שַׁעַר	תַּיִשׁ	מִשְׁקְפֵי מָגֵן	לָרֶדֶת לְמַטָּה
1161 goal	1162 goat	1163 goggles	1158 to go down

זָהָב	דַּג זָהָב	מִשְׂחַק גּוֹלְף	נִכְנַס (לְהִכָּנֵס)
1164 gold	1165 goldfish	1166 golf	1159 to go in

טוֹב	שָׁלוֹם!	אַוָּזָה	טִיפֵּס (לְטַפֵּס)
1167 good	1168 Goodbye!	1169 goose	1160 to go up

דּוּמְדְּמָנִית פֶּרֶא	נֶהְדֶּרֶת	גּוֹרִילָה	לִמְשׁוֹל
			מִתַּפְקִידָהּ שֶׁל מֶמְשָׁלָה לִמְשׁוֹל.
			A government must govern.
1170 gooseberry	1171 gorgeous	1172 gorilla	1173 to govern

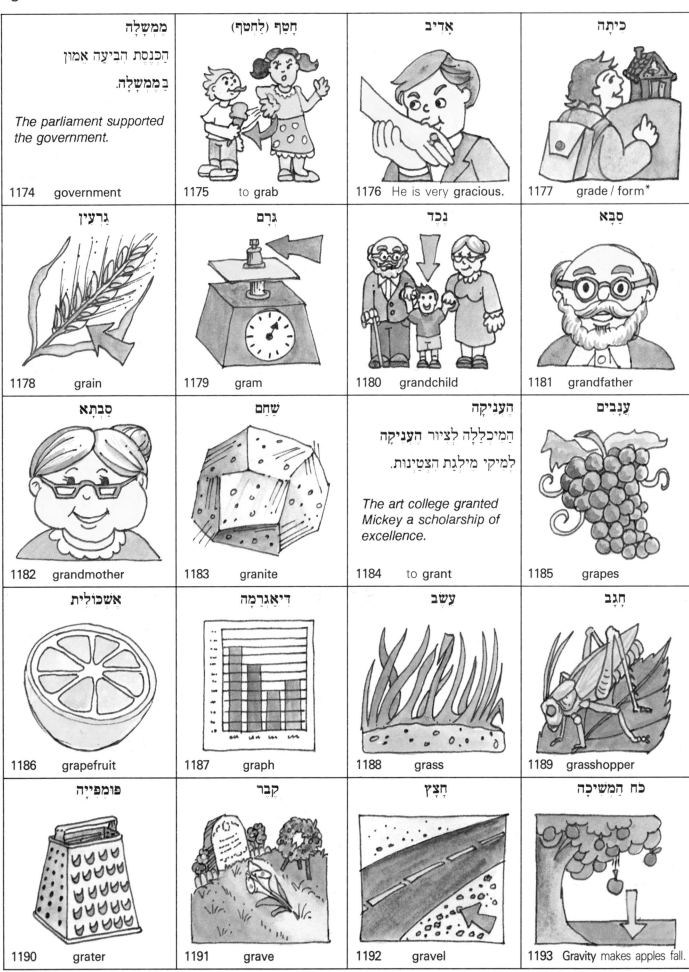

מֶמְשָׁלָה

הַכְּנֶסֶת הִבִּיעָה אֵמוּן בַּמֶּמְשָׁלָה.

The parliament supported the government.

1174 government

חָטַף (לַחְטֹף)

1175 to grab

אָדִיב

1176 He is very **gracious.**

כִּיתָּה

1177 grade / form*

גַּרְעִין

1178 grain

גְּרַם

1179 gram

נֶכֶד

1180 grandchild

סַבָּא

1181 grandfather

סַבְתָּא

1182 grandmother

שַׁחַם

1183 granite

הֶעֱנִיקָה

הַמִּכְלָלָה לְצִיּוּר הֶעֱנִיקָה לְמִיקִי מִילְגַּת הִצְטַיְּנוּת.

The art college granted Mickey a scholarship of excellence.

1184 to grant

עֲנָבִים

1185 grapes

אֶשְׁכּוֹלִית

1186 grapefruit

דִּיאַגְרַמָּה

1187 graph

עֵשֶׂב

1188 grass

חָגָב

1189 grasshopper

פּוּמְפִּיָּה

1190 grater

קֶבֶר

1191 grave

חָצָץ

1192 gravel

כֹּחַ הַמְּשִׁיכָה

1193 **Gravity** makes apples fall.

הַפָּרָה רוֹעָה בַּשָּׂדֶה

1194 to graze

סִיכָה

1195 grease

נֶהְדָּר

1196 a great toy

תַּאַוְתָן

1197 greedy

יָרוֹק

1198 green

שְׁעוּעִית יְרוּקָה

1199 green bean

חֲמָמַת זְכוּכִית

1200 greenhouse

בֵּירַךְ (לְבָרֵךְ)

1201 to greet

אָפוֹר

1202 grey*/gray

צָלָה (לִצְלוֹת)

1203 to grill

מְלוּכְלֶכֶת

1204 grimy

חִייֵךְ (לְחַיֵּךְ)

1205 to grin

טְחִינָה (לִטְחֹן)

1206 to grind/to mince*

אֲחִזָה (לֶאֱחֹז)

1207 to grip

נֶאֱנַח (לְהֵאָנַח)

1208 to groan

חֶנְוָונִי

1209 grocer

חָתָן

1211 groom

סַיָּס

1212 groom

טִיפְּחָה (לְטַפֵּחַ)

1213 to groom

מִצְרְכֵי מַכּוֹלֶת

1210 shopping for groceries

חָרִיץ
1214 groove

מְגוּשָּׁם
1215 gross/disgusting*

קַרְקַע
1216 ground

מַרְמִיטָה אֲמֵרִיקָנִית
1217 groundhog

קְבוּצָה
1218 group

לִגְדֹּל
1219 to grow

לִרְטֹן
1220 to growl

מְבוּגָּר
1221 grown-up

לְהַשְׁגִּיחַ עַל
1222 to guard

נִיחֲשָׁה (לְנַחֵשׁ)
1223 to guess

אוֹרֵחַ
1224 guest

הִינְחָה (לְהַנְחוֹת)
1225 to guide

אָשֵׁם

יוֹנָתָן אָמַר שֶׁהוּא לֹא עָשָׂה זֹאת, הוּא לֹא אָשֵׁם.

Jonathan said that he didn't do it -- he's not guilty.

1226 guilty

חֲזִיר יָם
1227 guinea pig

גִּיטָרָה
1228 guitar

מִפְרָץ מֶקְסִיקוֹ
1229 Gulf of Mexico

שַׁחַף
1230 gull

חֲנִיכַיִים
1231 gum

גּוּמִי לְעִיסָה
1232 gum/chewing gum*

מַרְזֵב
1233 gutter

הֶרְגֵּל	חֲמוֹר יָם	בָּרָד
1234 bad habit	1235 haddock	1236 hail

שֵׂיעָר	מִבְרֶשֶׁת	סַפָּר	מְיַבֵּשׁ שֵׂיעָר
1237 hair	1238 hairbrush	1239 hairdresser	1240 hairdryer

חֲצִי	פְּרוֹזְדוֹר	לֵיל כָּל הַקְּדוֹשִׁים	מִסְדְּרוֹן
1241 half	1242 hall	1243 Halloween/Hallowe'en*	1244 hallway/corridor*

נֶעֱצַר (לַעֲצֹר)	פַּטִּישׁ	לַהֲלֹם בְּכוֹחַ	עַרְסָל
1245 to halt	1246 hammer	1247 to hammer	1248 hammock

אוֹגֵר	יָד	מָסַר (לִמְסֹר)	בֶּלֶם יָד
1249 hamster	1250 hand	1251 to hand out	1252 hand brake

handcuffs 1253-1272

אֲזִיקִים

1253 handcuffs

מִיגְבָּלָה

גִּמְגּוּם זוֹ מִיגְבָּלָה

Stuttering is a handicap.

1254 handicap

יָדִית

1255 handle

מַעֲקֶה

1256 handrail

נָאֶה

1257 handsome

אוּמָּן לְכָל מְלָאכָה

1258 handy person

תְּלִיָּה (לִתְלוֹת)

1259 to hang

להיות תָּלוּי

1260 to hang on

סְכָכַת מָטוֹס

1262 hangar

קוֹלָב

1263 hanger

מִמְחָטָה

1264 handkerchief

תָּלָה (לִתְלוֹת)

1261 to hang up

אֵירַע

1265 Accidents happen.

הוּא מְאוּשָּׁר

1266 He is happy.

נָמָל

1267 harbor/harbour*

קָשֶׁה

1268 hard

אַרְנֶבֶת

1269 hare

לְהַזִּיק

1270 to harm

מַפּוּחִית פֶּה

1271 harmonica

רִתְמָה

1272 harness

נֵבֶל

1273 **harp**

אַכְזָרִי

1274 a **harsh** winter

לִקְצֹר

1275 to **harvest**

כּוֹבַע

1276 **hat**

לְהִבָּקַע

1277 to **hatch**

כֵּילָף

1278 **hatchet**

לִגְרֹר

1279 to **haul**

בֵּית רוּחוֹת

1280 **haunted** house

לְגִילָה יֵשׁ אֶת הַבֻּבָּה הַמְדַבֶּרֶת.

1281 to **have**

נֵץ

1282 **hawk**

שַׁחַת

1283 **hay**

אוֹבֶךְ

1284 **Haze** makes for a hazy day.

אִילְסָר

1285 **hazel**

אֱגוֹז הָאִילְסָר

1286 **hazelnut**

רֹאשׁ

1287 **head**

כְּאֵב רֹאשׁ

1288 I have a **headache.**

מִסְעַד רֹאשׁ

1289 **headrest**

נִרְפָּא (לְהֵרָפֵא)

1290 to **heal**

בָּרִיא

1291 **healthy** flower

עֲרֵימָה

1292 **heap/pile***

שׁוֹמַעַת (לִשְׁמֹעַ) 1293 I **hear** a voice.	לֵב 1294 **heart**	חִימֵּם (לְחַמֵּם) 1295 to **heat**	מַכְשִׁיר חִימּוּם 1296 **heater/radiator***
לְהָרִים 1297 to **heave**	גַּן עֵדֶן 1298 **heaven**	כָּבֵד 1299 one **heavy** elephant	גָּדֵר חַיָּה 1300 **hedge**
דּוֹרְבָן 1301 **hedgehog**	עָקֵב 1302 **heel**	מַסּוֹק 1303 **helicopter**	גֵּיהִנּוֹם 1304 **hell**
הַלּוֹ 1305 **hello**	הֶגֶה 1306 **helm**	קַסְדָּה 1307 **helmet**	עֶזְרָה (לַעֲזוֹר) 1308 to **help**
חֲסַר יֶשַׁע 1309 **helpless**	אִימְרָה 1310 **hem**	חֲצִי כַּדּוּר 1311 **hemisphere**	תַּרְנְגוֹלֶת 1312 **hen**

מְשׁוּבָּע

1313 heptagon

יֶרֶק

1314 herbs

עֵדֶר

1315 herd

לְכָאן

1316 Come here!

מִתְבּוֹדֵד

1317 hermit

גִיבּוֹר

1318 hero

גִיבּוֹרָה

1319 heroine

דָג מָלוּחַ

1320 herring

מְהַסֵס (לְהַסֵס)

1321 to hesitate

מְשׁוּשֶׁה

1322 hexagon

לַחֲרֹף

1323 to hibernate

שִׁיהֵק (לְשַׁהֵק)

1324 to hiccup/hiccough*

עוֹר הַחַיָה

1325 hide

נֶחְבָּא (לְהֵחָבֵא)

1326 to hide

מַחֲבוֹא

1327 hiding-place

הַר גָבוֹהַּ

1328 a high mountain

גוֹרֵד שְׁחָקִים

1329 highrise/tower block*

בֵּית סֵפֶר תִּיכוֹן

1330 high school/secondary school*

כְּבִישׁ רָאשִׁי

1331 highway/motorway*

חָטַף (לַחֲטֹף מָטוֹס)

1332 to hijack a plane

גִּיבְעָה

1333 hill

צִיר

1334 hinge

רַגְלַיִים אֲחוֹרִיּוֹת

1335 hind legs

יָרֵךְ

1336 hand on hip

סוּס יְאוֹר

1337 hippopotamus

הִיסְטוֹרְיָה

1338 I study history.

הִכָּה (לְהַכּוֹת)

1339 to hit

כַּוֶּרֶת

1340 hive

לִצְבּוֹר

1341 to hoard

צָרוּד

1342 hoarse voice

תַּחְבִּיב

1343 hobby

הוֹקִי קֶרַח

1344 hockey/ice hockey*

כַּדּוּר לְהוֹקִי קֶרַח

1345 hockey puck

מוֹט לְהוֹקִי קֶרַח

1346 hockey stick

מַעְדֵּר

1347 hoe

לְהַחֲזִיק

1348 to hold

לֶאֱחֹז לְמַטָּה

1349 to hold down

חוֹר

1350 hole

פַּגְרָה

1351 holiday

נָבוּב

1352 hollow tree

אֶדֶר מָצוּי

1353 holly

פָּרָה קְדוֹשָׁה

1354 a **holy** cow

בַּיִת

1355 home

שִׁיעוּרֵי בַּיִת

1356 homework

כֵּן

1357 Is he **honest**?

דְּבַשׁ

1358 honey

חַלַּת דְּבַשׁ

1359 honeycomb

מְלוֹן טַל הַדְּבַשׁ

1360 honeydew melon

לְצַפֵּר

1361 to **honk**

כָּבוֹד

1362 honor/honour*

בַּרְדָּס

1363 hood

חִיפַּת הַמָּנוֹעַ

1364 hood/bonnet*

פַּרְסָה

1365 hoof

קֶרֶס

1366 hook

חִישׁוּק

1367 jump through a **hoop**

נִיתֵּר (לְנַתֵּר)

1368 to **hop**

קִיוָּה (לְקַוּוֹת)

1369 I **hope** to win.

חֲסַר תִּיקְוָוה

1370 hopeless

אֶרֶץ (מִשְׂחָק)

1371 hopscotch/hop-scotch*

אוֹפֶק

1372 horizon

אוֹפְקִי	שׁוֹפָר	קֶרֶן צָרְפָתִית	קֶרֶן
1373 horizontal	1374 horn	1375 French **horn**	1376 horn
צִרְעָה	סוּס	חֲזֶרֶת	פַּרְסַת סוּס
1377 hornet	1378 horse	1379 horseradish	1380 horseshoe
זַרְנוּק	בֵּית חוֹלִים	חַם	חָרִיף
1381 hose	1382 hospital	1383 hot	1384 hot
בֵּית מָלוֹן	שָׁעָה	שְׁעוֹן חוֹל	פִּלְפֵּל חָרִיף
1386 hotel	1387 hour	1388 hourglass	1385 hot pepper
בַּיִת	רַחֶפֶת	כֵּיצַד	מִילֵל (לְיַלֵל)
1389 house	1390 hovercraft	1391 I will show you **how.**	1392 to **howl**

1393-1412 hyphen

מְגוּפַת טַבּוּר הַגַּלְגַּל

1393 hub cap

אֻכְמָנִיָּה

1394 huckleberry

לְהִתְקַהֵל

1395 to huddle

עֲנָקִי

1396 huge

גוּף אוֹנִיָּה

1397 hull

הַצִּיפּוֹר הַמְזַמְזֶמֶת

1398 hummingbird

חֲטוֹטֶרֶת

1399 hump

מֵאָה

1400 hundred

רְעֵבָה

1401 She is **hungry**.

צָד (לָצוּד)

1402 to hunt

הַשְׁלָכָה (לְהַשְׁלִיךְ)

1403 to hurl

סוּפַת צִיקְלוֹן

1404 hurricane

מִיהֵר (לְמַהֵר)

1405 to hurry

כּוֹאֵב (לִכְאֹב)

1406 My wrist **hurts**.

בַּעַל

1407 husband

סוּכָּה

1408 hut

מִזְנוֹן

1409 hutch/sideboard*

יַקִּינְתּוֹן

1410 hyacinth

שִׁיר הַלֵּל

1411 hymn

מַקָּף

מַקָּף מְחַבֵּר בֵּין שְׁתֵּי מִילִּים לְמִילָּה אַחַת .

Hyphens are short lines between two words that belong together.

1412 hyphen

קֶרַח	גְלִידָה	קַרְחוֹן
1413 ice	1414 ice cream	1415 iceberg

נְטִיף קֶרַח	צִיפּוּי סוּכָּר	רַעְיוֹן	זֵהֶה
1416 icicle	1417 icing	1418 idea	1419 identical twins

שׁוֹטֶה	בַּטְלָן	לוּ	אִיגְלוּ
		לוּ הָיִיתִי רוֹטְשִׁילְד.	
		If I were a rich man . . .	
1420 idiot	1421 idle	1422 if	1423 igloo

מַפְתֵחַ הַצָּתָה	חוֹלֶה	לְהָאִיר	אִיּוּרִים
			זֶהוּ סִיפּוּר יְלָדִים מְלוּוֶה בְּאִיּוּרִים.
			This children's story has many illustrations.
1424 ignition key	1425 ill	1426 to illuminate	1427 illustration

חָשׁוּב	בַּבַּיִת	קְטוֹרֶת	אִינְץ'
מַה שֶׁחָשׁוּב לְדָנִי,	הַאִם דִינָה בַּבַּיִת?		
חָשׁוּב פָּחוֹת לְרָמִי.	*Is Dina in?*		
What is important to Danny may not be important to Rami.			
1428 important	1429 in	1430 incense	1431 inch

מַפְתֵּחַ מִילִים

לְמִילוֹן נִסְפַּח מַפְתֵּחַ מִילִים.

The dictionary has an index.

1432 index

כָּחוֹל

1433 indigo

פְּנִימִי בַּבַּיִת

1434 indoors

עוֹלָל

1435 infant

אִילּוּחַ

1436 infection

מְדַבֵּק

אַבָּא הוּא בַּעַל צְחוֹק מְדַבֵּק.

Dad has an infectious laugh.

1437 infectious

לְהַלְשִׁין

1438 to inform

לִחְיוֹת בִּמְעָרָה

1439 The bear **inhabits** a cave.

רָאשֵׁי תֵיבוֹת

1440 initials

זְרִיקָה

1441 injection

פֶּצַע

1442 injury

דְּיוֹ

1443 ink

חֲרָקִים

1444 insect

בִּפְנִים

1445 inside

לִדְרֹשׁ בְּתוֹקֶף

1446 to insist

לִבְחֹן

1447 to inspect

כַּפִּית בִּמְקוֹם מַזְלֵג

1449 Use a spoon **instead** of a fork!

הוֹרָאוֹת

1450 instruction

מַדְרִיךְ

1451 instructor

מְפַקֵּחַ

1448 inspector

מְבַדֵּד

הַקִּירוֹת בְּנוּיִים מֵחוֹמֶר מְבַדֵּד.

There is insulation in the walls of the house.

1452 insulation

פָּרָשַׁת דְּרָכִים

1453 intersection/crossroads*

רֵאָיוֹן

1454 interview

אֶל תּוֹךְ

1455 into the room

לְהַצִּיג

1456 to introduce

לִפְלֹשׁ

1457 to invade

פְּצוּעִים

1458 invalid

מַמְצִיא (לְהַמְצִיא)

1459 to invent

לֹא נִרְאֶה

1460 invisible

הַזְמָנָה

1461 invitation

מַזְמִין (לְהַזְמִין)

1462 He is inviting her.

אִירוּס (פֶּרַח)

1463 iris

גִּיהֵץ (לְגַהֵץ)

1464 to iron

מַגְהֵץ

1465 iron

מַסֵּכַת בַּרְזֶל

1466 iron mask

אִי

1467 island

גְּרָיָה

גְּרָיָה בְּאַף מַפְרִיעָה לְדָנִי.

The itch on his nose is bothering Danny.

1468 itch

מְגָרֵד (לְגָרֵד)

1469 to itch

מְגָרֶה

1470 My skin is itchy.

קִיסוֹס

1471 ivy

לִנְעֹץ
1472 to jab

מִקְטוֹרֶן
1473 jacket

עֲטִיפָה
1474 dust jacket

לַהַב מְשֻׁנָּן
1475 jagged edge

בֵּית כֶּלֶא
1476 jail/gaol*

רִיבָּה
1477 jam

לִדְחֹק
1478 to jam

יָנוּאַר
1479 January

צִנְצֶנֶת
1480 jar

לֶסֶת, מַלְתָּעוֹת
1481 jaw

מִכְנְסֵי ג'ינְס
1482 jeans

ג'יפּ
1483 jeep

רִפְרֶפֶת
1484 jelly

מְנוֹעַ סִילוֹן
1485 jet engine

מְטוֹס סִילוֹן
1486 jet plane

תַּכְשִׁיט
1488 jewel

פָּאזֶל
1489 jigsaw puzzle

עוֹשֶׂה עֲבוֹדָה
1490 doing a job

זֶרֶם שֶׁל מַיִם
1487 jet of water

פָּרָשׁ

1491 jockey

רִיצָה קַלָּה (לָרוּץ)

1492 to jog

צֵירְפָה (לְצָרֵף)

1493 to join

מַחְבָּר

1494 joint

בְּדִיחָה

1495 joke

שׁוֹפֵט

1496 judge

לַהֲטוּטָן

1497 juggler

מִיץ

1498 juice

יוּלִי

1499 July

נִיתֵּר (לְנַתֵּר)

1500 to jump

לִקְפֹּץ פְּנִימָה

1501 to jump in

לִקְפֹּץ עַל

1502 to jump on

קַפְצָן

1503 jumper

שִׂמְלַת אֲפוּדָה

1504 jumper/pinafore*

כֶּבֶל נִיצּוֹץ

1505 jumper cables/jump leads*

יוּנִי

1506 June

יַעַר עַד

1507 jungle

מִפְרָשִׂית סִינִית

1508 junk

גְּרוּטָאוֹת

1509 junk

רַק

הַשּׁוֹפֵט הוּא רַק בֶּן אָדָם.

The judge is just human.

1510 just

קָלֵדוֹסקוֹפּ

1511 kaleidoscope

קֶנְגוּרוּ

1512 kangaroo

שִׁדְרִית

1513 keel

מְלוּנָה

1514 kennel

זֶרַע תִּירָס

1515 kernel

קוּמְקוּם

1516 kettle

מַפְתֵּחַ

1517 key

לִבְעֹט

1518 to kick

יֶלֶד

1519 kid

גְּדִי

1520 kid

לַחְטֹף

1521 to kidnap

כִּלְיָה

1522 kidney

לְהָמִית

1523 to kill

כִּבְשָׁן

1524 kiln

קִילוֹגְרָם

1525 kilogram

קִילוֹמֶטֶר

1526 kilometer/kilometre*

שִׂמְלַת גֶּבֶר

1527 kilt

שִׂמְלָה זֶה סוּג שֶׁל בֶּגֶד.

1528 A dress is a kind of garment.

נְעִימַת מֶזֶג, אֲדִיבָה

1529 kind girl

מֶלֶךְ	שָׁלְדָּג גַּמָּדִי	קִיּוֹסְק	דָּג מְעוּשָׁן
1530 king	1531 kingfisher	1532 kiosk	1533 kippers

הִתְנַשְּׁקוּ (לְנַשֵּׁק)	נְשִׁיקָה	מִטְבָּח	עֲפִיפוֹן
1534 to kiss	1535 kiss	1536 kitchen	1537 kite

חֲתַלְתּוּל	קִיּוִוי	בֶּרֶךְ	כָּרְעָה (לִכְרֹעַ)
1538 kitten	1539 kiwi	1540 knee	1541 to kneel

סַכִּין	סָרְגָה (לִסְרֹג)	יָדִית הַדֶּלֶת	דְּפִיקָה (לִדְפֹּק)
1542 knife	1543 to knit	1544 knob	1545 to knock

קֶשֶׁר	יוֹדֵעַ הַאִם אַתָּה יוֹדֵעַ אֶת פֵּשֶׁר הַדָּבָר? *Do you know the consequences?*	פֶּרֶק אֶצְבַּע	דֹּב אוֹסְטְרָלִי
1546 knot	1547 to know	1548 knuckle	1549 koala bear

L

תָּווִית

1550 label

מַעְבָּדָה

1551 laboratory

תַּחְרָה

1552 lace

קָשַׁר בִּשְׂרוֹךְ (לִקְשֹׁר)

1553 to lace

סוּלָם

1554 ladder

מַצֶּקֶת

1555 ladle

גְּבֶרֶת

1556 lady

פָּרַת מֹשֶׁה רַבֵּנוּ

1557 ladybug/ladybird*

עוּגִיָּה

1558 ladyfingers

מִרְבָּץ

1559 lair

אֲגַם

1560 lake

טָלֶה

1561 lamb

נְכֵה רַגְלַיִים

1562 lame

מְנוֹרָה

1563 lamp

פַּנַּס רְחוֹב

1564 lamp-post

רוֹמַח

1565 lance

אֲדָמָה

1566 land

לִנְחֹת

1567 to land

נְחִיתָה

1568 landing

בַּעַל הַבַּיִת

אָנוּ מְשַׁלְּמִים שְׂכַר דִּירָה לְבַעַל הַבַּיִת.

We pay the landlord rent every month.

1569 landlord

נָתִיב

1570 lane

שָׂפָה

טַל רוֹצָה לִלְמוֹד שָׂפָה נוֹסֶפֶת.

Tal wants to learn another language.

1571 language

פָּנָס

1572 lantern

חֵיק

1573 lap

אַרְזִית

1574 larch

שׁוּמַן חֲזִיר

1575 lard

גָּדוֹל

1576 large

עֶפְרוֹנִי

1577 lark

עַפְעַף

1578 lash

אַחֲרוֹנָה

1579 the **last** piece

נִשְׂרָד (לִשְׂרֹד)

1580 Some things do **last**.

לִסְגֹּר בִּבְרִיחַ

1581 to latch

מְאַחֵר

1582 You are **late**.

קֶצֶף

1583 lather

צָחַק (לִצְחֹק)

1584 to laugh

סִירָה גְּדוֹלָה

1585 launch

שִׁילוּחַ טִיל

1586 to launch

מִתְקַן שִׁילוּחַ

1587 launchpad

כְּבִיסָה

1588 laundry/washing*

מִכְבָּסָה	אַרְגָּמָן כְּחַלְחַל	חוֹק	מִדְשָׁאָה
1589 laundry/launderette*	1590 lavender	1591 Obey the law!	1592 lawn

לְרַצֵּף	שִׁכְבָה	עָצֵל	מַכְסֵחַת דֶּשֶׁא
1594 to lay tiles	1595 layer upon layer	1596 He is lazy.	1593 lawn mower

לְהוֹבִיל	מַנְהִיג	עָלֶה	דְּלִיפָה (לִדְלֹף)
1597 to lead	1598 leader	1599 leaf	1600 to leak

נוֹטֶה (לִנְטוֹת)	לוֹמֵד (לִלְמֹד)	רְצוּעָה	עוֹר
1601 to lean	1602 I learn to read.	1603 leash/lead*	1604 Shoes are made of leather.

לְהַשְׁאִיר	לַעֲזֹב	אֶדֶן הַחַלּוֹן	שׁוּם הַכְּרֵשׁ
1605 to leave	1606 to leave	1607 ledge of a window	1608 leek

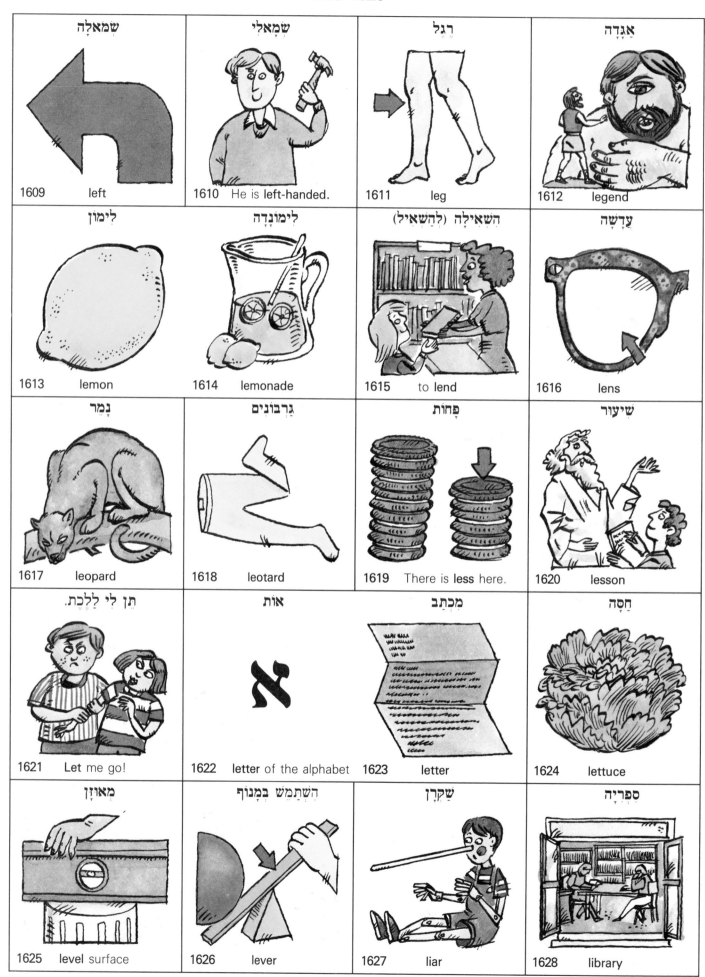

שְׂמֹאלָה
1609 left

שְׂמָאלִי
1610 He is left-handed.

רֶגֶל
1611 leg

אַגָּדָה
1612 legend

לִימוֹן
1613 lemon

לִימוֹנָדָה
1614 lemonade

הִשְׁאִילָה (לְהַשְׁאִיל)
1615 to lend

עֲדָשָׁה
1616 lens

נָמֵר
1617 leopard

גַּרְבּוֹנִים
1618 leotard

פָּחוֹת
1619 There is less here.

שִׁיעוּר
1620 lesson

תֵּן לִי לָלֶכֶת.
1621 Let me go!

אוֹת

א

1622 letter of the alphabet

מִכְתָּב
1623 letter

חַסָּה
1624 lettuce

מְאוּזָן
1625 level surface

הִשְׁתַּמֵּשׁ בְּמָנוֹף
1626 lever

שַׁקְרָן
1627 liar

סִפְרִיָּה
1628 library

לוֹחִית רִישׁוּי	לִיקֵק (לְלַקֵק)	מִכְסֶה	שִׁיקֵר (לְשַׁקֵר)
1629 licence plate/number plate*	1630 to lick	1631 lid	1632 to lie
חַיִּים	סִירַת הַצָּלָה	לְהָרִים	שָׁכְבָה (לִשְׁכַּב)
1634 life	1635 lifeboat	1636 to lift	1633 to lie down
אוֹר	לְהַדְלִיק	נוּרָה	הֵקֵלָה (לְהָקֵל)
1637 light/table lamp*	1638 to light	1639 lightbulb	1640 She lightens the load.
מִגְדַּלּוֹר	בָּרָק	כְּלִיא רַעַם	חִיבְּבָה (לְחַבֵּב)
1641 lighthouse	1642 lightning	1643 lightning rod	1644 to like
סָבִיר	לִילָךְ	חֲבַצֶּלֶת	אֵיבָר
אֵין זֶה סָבִיר שֶׁאוֹר יַגִּיעַ בַּזְּמַן.			
It's not likely that Orr will be on time.			
1645 likely	1646 lilac	1647 lily	1648 limb

לִימוֹן יָרוֹק	גְּבוּל גְּבוּל הַמְּהִירוּת הַמּוּתֶּרֶת הוּא 90 קמ"ש. *The speed limit is 90 kilometers per hour.*	צְלִיעָה (לִצְלֹעַ)	קַו
1649 lime	1650 limit	1651 to limp	1652 line
מַצָּעִים, לְבָנִים	אוֹנִיַּת נוֹסְעִים	בִּטְנָה	לְהִתְחַבֵּר
1653 linen	1654 liner	1655 lining	1656 to link
מוֹךְ	אַרְיֵה	שְׂפָתַיִם	שְׂפָתוֹן
1657 lint	1658 lion	1659 lips	1660 lipstick
נוֹזְלִים	רְשִׁימָה	מַאֲזִינִים (לְהַאֲזִין)	לִיטֶר
1661 liquid	1662 list	1663 They are listening.	1664 liter/litre*
לְפַזֵּר אַשְׁפָּה	פֶּעוֹט, קָטָן	גָּר, חַי אָדָם גָּר בָּעִיר. הָגָר חַיָּה בַּמּוֹשָׁב. *Adam lives in the city.* *Hagar lives in a village.*	עֵירָנִית
1665 to litter	1666 a little apple	1667 to live	1668 lively

טְרַקְלִין	לְטָאָה	לְהַטְעִין	טָעַן (לִטְעֹן)
1669 living room/lounge*	1670 lizard	1671 to load	1672 to load
כִּכָּר	הִשְׁאִילָה	סַרְטַן יָם	לִנְעֹל
	לִי הִשְׁאִילָה לְמִיקִי חֵלֶק מִדְּמֵי הַכִּיס שֶׁקִּיבְּלָה.		
	Lee lent Mickey part of her allowance.		
1673 loaf	1674 to loan/lend*	1675 lobster	1676 to lock
קַטָּר	אַרְבֶּה	אַכְסַנְיָיה	מַנְעוּל
1678 locomotive	1679 locust	1680 lodge/chalet*	1677 lock
עֲלִיַּת גַּג	קוֹרַת עֵץ	סֻכָּרִיָּה עַל מַקֵּל	בּוֹדֵד
1681 loft	1682 log	1683 lollipop	1684 lonely
אָרֹךְ	לְהַבִּיט	נוֹל	לוּלָאָה
1685 long	1686 to look	1687 loom	1688 loop

חוֹפְשִׁי

1689 loose

אִיבֵּד (לְאַבֵּד)

1690 to lose

תְּמִיסָה

1691 lotion

בְּקוֹל רָם

1692 loud

רַמְקוֹל

1693 loudspeaker

לְהִשְׂתָּרֵעַ

1694 to lounge

אַהֲבָה

אַהֲבָה זֶהוּ רֶגֶשׁ רַב עוֹצְמָה.

Love is a very strong feeling.

1695 love

אוֹהֲבִים (לֶאֱהֹב)

1696 to love

נֶהְדֶּרֶת

1697 lovely

נָמוּךְ

1698 low branch

לְהַנְמִיךְ

1699 to lower

בַּרַת מַזָּל

יַעֲרָה הָיְתָה בַּרַת מַזָּל
לִזְכּוֹת בְּטִיּוּל לַגּ'וּנְגֶל.

Yaara was very lucky to win a safari trip.

1700 lucky

מִזְוָדוֹת

1701 luggage

מַיִם פּוֹשְׁרִים

1702 lukewarm water

שִׁיר עֶרֶשׂ

1703 lullaby

עֵץ מְעוּבָּד

1704 lumber/timber*

חַבּוּרָה

1705 lump

אֲרוּחַת צָהֳרַיִם

1706 lunch

תִּיק אוֹכֶל

1707 lunchbox

רֵיאָה

1708 lung

כְּתַב עֵת

1709 magazine

זַחַל הַזְּבוּב

1710 maggot

קֶסֶם

1711 magic

מַגְנֵט

1713 magnet

רַב הוֹד

1714 magnificent

זְכוּכִית מַגְדֶּלֶת

1715 magnifying glass

קוֹסֵם

1712 magician

עוֹרֵב הַנְּחָלִים

1716 magpie

לִשְׁלֹחַ בַּדּוֹאַר

1717 to mail/post*

דַּוָּר

1718 mail carrier/postman*

יוֹצֵר (לְיַצֵּר)

1719 to make

אִיפּוּר

1720 makeup

זָכָר

1721 male

פַּטִּישׁ עֵץ

1722 mallet

גֶּבֶר

1723 man

מַנְדָּרִינָה

1724 mandarin

מַנְדּוֹלִינָה

1725 mandolin

רַעְמָה

1726 mane

מַנְגּוֹ

1727 mango

נִימוּסִים	הַרְבֵּה	מַפָּה	שַׁיִשׁ
1728 He has good **manners**.	1729 many	1730 map	1731 marble

לִצְעֹד	מַארְס	סוּסָה	גּוּלוֹת
1733 to **march**	1734 March	1735 mare	1732 marbles

עוֹגֶל (פֶּרַח)	סִימֵן (לְסַמֵּן)	צִיּוּן	שׁוּק
1736 marigold	1737 to **mark**	1738 mark	1739 market

לָשֵׂאת אִשָּׁה	בִּיצָה	לִמְעֹךְ	מַסֵּכָה
1740 to **marry**	1741 marsh	1742 to **mash** potatoes	1743 mask

מַסָּה	תּוֹרֶן	לְהִתְמַחוֹת בְּ	תַּחֲרוּת
1744 mass	1745 mast	1746 to **master**	1747 match

גַּפְרוּר	חֶשְׁבּוֹן
1748 match	1749 mathematics

עִנְיָין

זֶהוּ עֶצֶם הָעִנְיָין.

That is the heart of the matter.

1750 matter

מִזְרָן

1751 mattress

מַאי

1752 May

אוּלַי

אוּלַי כְּדַאי שֶׁתִּשָּׁאֲרִי בַּבַּיִת?

Maybe you should stay at home.

1753 maybe

רֹאשׁ עִיר

1754 mayor

מָבוֹךְ

1755 maze

אָחוּ

1756 meadow

צִפּוֹר קָנִים

1757 meadowlark

אֲרוּחָה

1758 meal

שָׁפֵל

1759 mean person

חַצֶּבֶת

1760 measles

מְדִידָה (לִמְדֹּד)

1761 to measure

בָּשָׂר

1762 meat

מְכוֹנַאי

1763 mechanic

עִיטוּר

1764 medal

תְּרוּפָה

1765 medicine

בֵּינוֹנִי

1766 medium

פְּגִישָׁה (לְהִפָּגֵשׁ)

1767 to meet

יְשִׁיבָה	מֶלוֹן	נָמֵס (לְהָמֵס)	חֲבֵרִים, מְנוּיִים
1768 meeting	1769 melon	1770 to melt	1771 Our club has four members.
תַּפְרִיט	רַחֲמִים הַנֶּאֱשָׁם הִתְחַנֵּן לְרַחֲמִים. *The accused begged for mercy.*	בְּתוּלַת יָם	שָׂמֵחַ
1772 menu	1773 mercy	1774 mermaid	1775 merry
אִי סֵדֶר	הוֹדָעָה	שָׁלִיחַ	מַתֶּכֶת
1776 a real mess	1777 message	1778 messenger	1779 metal
מֶטְאוֹר	מַד, מוֹנֶה	מֶטֶר	שִׁיטָה לְיָרוֹן יֵשׁ שִׁיטָה לְתַרְגּוּם מָהִיר. *Yaron has a quick translation method.*
1780 meteorite	1781 meter	1782 meter/metre*	1783 method
מַד קֶצֶב	מִיקְרוֹפוֹן	מִיקְרוֹסְקוֹפ	תַּנוּר מִיקְרוֹ גַּל
1784 metronome	1785 microphone	1786 microscope	1787 microwave oven

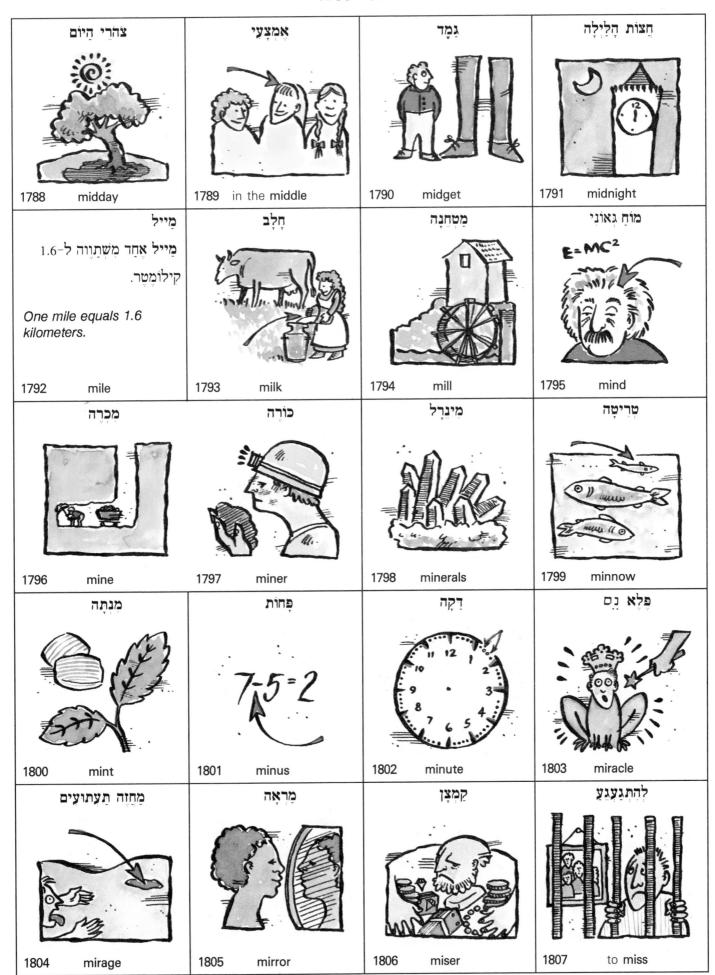

צָהֳרֵי הַיּוֹם

1788 midday

אֶמְצָעִי

1789 in the middle

גַּמָּד

1790 midget

חֲצוֹת הַלַּיְלָה

1791 midnight

מַייל

מַייל אֶחָד מִשְׁתַּוֶּה ל-1.6 קִילוֹמֶטֶר.

One mile equals 1.6 kilometers.

1792 mile

חָלָב

1793 milk

מַטְחֵנָה

1794 mill

מוֹחַ גְּאוֹנִי

1795 mind

מִכְרֶה

1796 mine

כּוֹרֶה

1797 miner

מִינֵרָל

1798 minerals

טְרִיטָה

1799 minnow

מִנְתָּה

1800 mint

פָּחוֹת

1801 minus

דַּקָּה

1802 minute

פֶּלֶא נֵס

1803 miracle

מַחֲזֵה תַּעְתּוּעִים

1804 mirage

מַרְאָה

1805 mirror

קַמְצָן

1806 miser

לְהִתְגַּעְגֵּעַ

1807 to miss

טִיל	עֲרָפֶל	דַּבְקוֹן לָבָן	כְּסָיָה
1808 missile	1809 mist	1810 mistletoe	1811 mittens

עִירְבֵּב (לְעַרְבֵּב)	מְעַרְבֵּל	תְּעָלַת מָגֵן	לְחַקּוֹת
1812 to mix	1813 mixer	1814 moat	1815 to mock

חַקְיָנִית (צִיפּוֹר)	דֶּגֶם	מוֹדֶרְנִי	לַח
1816 mockingbird	1817 model airplane/aeroplane*	1818 modern chair	1819 moist

חוֹלֵד	בַּהֶרֶת	רַק רֶגַע בְּבַקָּשָׁה.	יוֹם שֵׁנִי
			שִׁיעוּרֵי הגּוּדוֹ שֶׁל טַל מִתְקַיְּמִים בְּכָל יוֹם שֵׁנִי.
			Tal has judo lessons every Monday.
1820 mole	1821 mole	1822 One moment please.	1823 Monday

כֶּסֶף	קוֹף	דָּג נָזִיר	מִפְלֶצֶת
1824 money	1825 monkey	1826 monkfish	1827 monster

חוֹדֶשׁ

1828 month

אַנְדַרְטָה

1829 monument

מַצַּב רוּחַ טוֹב

1830 He is in a good mood.

מַצַּב רוּחַ רַע

1831 He is in a bad mood.

יָרֵחַ

1832 moon

צְבִי אֲמֵרִיקָנִי

1833 moose

בּוֹקֶר

1834 morning

מַכְתֵּשׁ

1835 mortar and pestle

פְּסֵיפָס

1836 mosaic

יַתּוּשׁ

1837 mosquito

אֵיזוֹב

1838 moss

אִמָּא

1839 mother

מָנוֹעַ

1840 motor

אוֹפַנוֹעַ

1841 motorcycle

תַּבְנִית

1842 mould*/mold

עֲרֵימָה

1843 mound

לַעֲלוֹת עַל הַסּוּס

1844 to mount

הַר

1845 mountain

עַכְבָּר

1846 mouse

שָׂפָם

1847 moustache*/mustache

פֶּה

1848 mouth

נָע (לָנוּעַ)

1849 to move

תְּנוּעָה

1850 movement

סֶרֶט קוֹלְנוֹעַ

1851 movie/film*

קָצְרָה (לִקְצֹר)

1852 to **mow** the lawn

הַרְבֵּה

1853 too **much** for me

בּוֹץ

1854 mud

פֶּרֶד

1855 mule

כָּפוּל (לְהַכְפִּיל)

1856 multiply

חַזֶּרֶת

1857 mumps

לִרְצֹחַ

1858 to **murder**

שְׁרִיר

1859 muscle

מוּזֵיאוֹן

1860 museum

פִּטְרִיָּה

1861 mushroom

מוּסִיקָה

1862 music

מוּסִיקָאִית

1863 musician

צִדְפָּה

1864 mussel

הָיָה צָרִיךְ, מוּכְרָח

1865 You **must** jump.

חַרְדָּל

1866 mustard

מַחְסוֹם

1867 muzzle

N

מַסְמֵר	צִיפּוֹרֶן	קוֹטֵם צִיפּוֹרְנַיִים
1868 nail	1869 fingernail	1870 nail clipper

עָרוֹם	שֵׁם	מַפִּית	מִיסְמֵר (לְמַסְמֵר)
1872 naked	1873 My name is…	1874 napkin/serviette*	1871 to nail

צַר	אוּמָה	טִבְעִי	טֶבַע
1875 too **narrow** to pass	1876 nation	בָּרִיא לְאֱכוֹל מַזוֹן טִבְעִי. *It is healthy to eat natural foods.* 1877 natural	1878 nature

שׁוֹבְבָה	נִיוּט (לְנַוֵט)	קָרוֹב	מְסוּדָר וְנָקִי
1879 She is **naughty.**	1880 to **navigate**	1881 near	1882 neat

הֶכְרֵחִי	צַוָּאר	מַחֲרוֹזֶת	צוּף
1883 Not pleasant, but **necessary.**	1884 neck	1885 necklace	1886 nectar

nectarine 1887-1906

אֲפַרְסֵק שְׁזִיף

1887 nectarine

צוֹרֶךְ

בַּמִּדְבָּר יֵשׁ צוֹרֶךְ בְּמַיִם רַבִּים.

There is a great need for water in the desert.

1888 need

אֲנִי צְרִיכָה מַיִם.

1889 I need water.

מַחַט

1890 needle

מַזְנִיחַ (לְהַזְנִיחַ)

1891 He neglects his dog.

צָהֲלָה (לִצְהֹל)

1892 to neigh

שְׁכֵנִים

1893 neighbors/neighbours*

אַף לֹא אֶחָד

1894 neither one fits

אוֹר נֵיאוֹן

1895 neon sign

אַחְיָן

1896 My nephew is my brother's son.

עָצָב

1897 nerve

עַצְבָּנִי

1898 nervous

קֵן

1899 nest

סִרְפָּד

1900 nettle

לְעוֹלָם לֹא

1901 Never play with fire!

חָדָשׁ

1902 new

חֲדָשׁוֹת

שָׁמַעַתְּ חֲדָשׁוֹת מֵהַבַּיִת לָאַחֲרוֹנָה?

Any news from home lately?

1903 news

עִיתוֹן

1904 newspaper

הַבָּא בַּתּוֹר

1905 Next !

כִּירְסֵם (לְכַרְסֵם)

1906 to nibble

נֶחְמָד

1907 nice

נִיקֶל

1908 nickel

שֵׁם חִיבָּה

קוֹרְאִים לוֹ יַעֲקֹב אֲבָל
שֵׁם הַחִיבָּה שֶׁלּוֹ זֶה יַעֲנְקָלֶה.

His name is Yaakov but his nickname is Yankale.

1909 nickname

אַחְיָנִית

1910 My **niece** is my brother's daughter.

לַיְלָה

1911 night

זָמִיר

1912 nightingale

חֲלוֹם בַּלָהוֹת

1913 nightmare

תֵּשַׁע

1914 nine

לֹא

1916 no

אֲצִילִי

עֶזְרָה לַזּוּלַת זֶה מַעֲשֶׂה אֲצִילִי.

Good deeds are a noble gesture.

1917 noble

אָצִיל

1918 nobleman

תְּשִׁיעִי

1915 ninth

אַף אֶחָד

1919 nobody

רַעַשׁ

1920 noise

צָהֳרַיִים

1921 noon

צָפוֹן

1922 north

אַף

1923 nose

אֱגוֹזִים

1924 nuts

מַפְצֵחַ אֱגוֹזִים

1925 nutcracker

גַּרְבֵּי נַיְלוֹן

1926 **nylon** stockings/**tights***

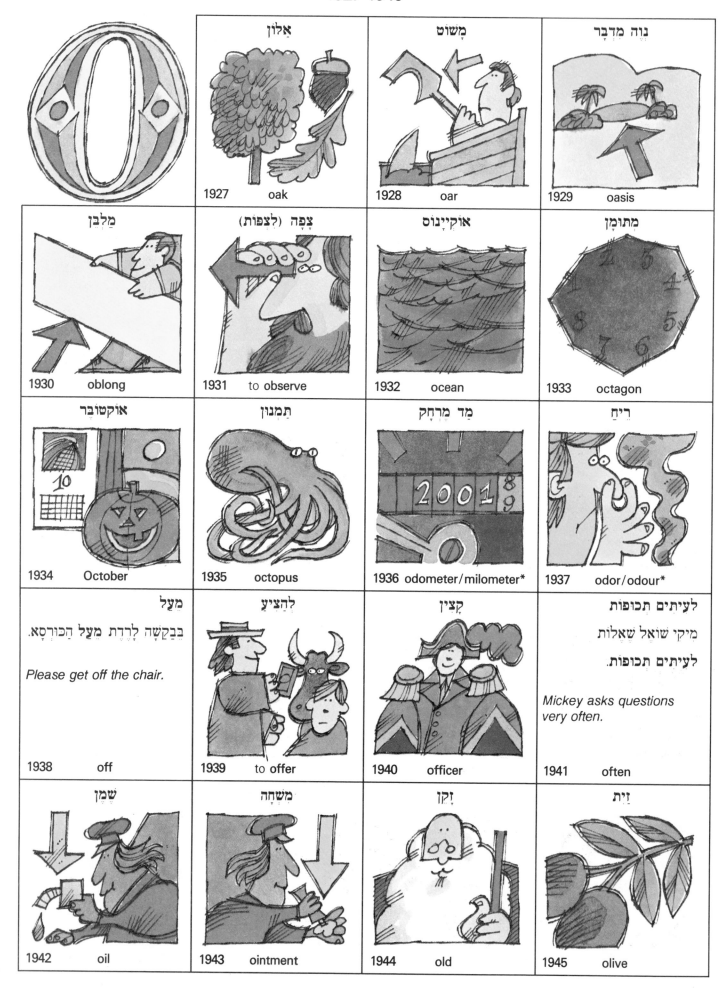

אַלּוֹן

1927 oak

מָשׁוֹט

1928 oar

נְוֵה מִדְבָּר

1929 oasis

מַלְבֵּן

1930 oblong

צָפָה (לִצְפּוֹת)

1931 to observe

אוֹקְיָינוֹס

1932 ocean

מְתוּמָן

1933 octagon

אוֹקְטוֹבֶּר

1934 October

תְּמָנוּן

1935 octopus

מַד מֶרְחָק

1936 odometer/milometer*

רֵיחַ

1937 odor/odour*

מֵעַל

בְּבַקָּשָׁה לָרֶדֶת מֵעַל הַכּוּרְסָא.

Please get off the chair.

1938 off

לְהַצִּיעַ

1939 to offer

קָצִין

1940 officer

לְעִיתִּים תְּכוּפוֹת

מִיקִי שׁוֹאֵל שְׁאֵלוֹת

לְעִיתִּים תְּכוּפוֹת.

Mickey asks questions very often.

1941 often

שֶׁמֶן

1942 oil

מִשְׁחָה

1943 ointment

זָקֵן

1944 old

זַיִת

1945 olive

חֲבִיתָה

1946 omelette

עַל

1947 on the table

פַּעַם

הָיֹה הָיָה פַּעַם . . .

Once upon a time . . .

1948 once

אֶחָד

1949 one

בָּצָל

1950 onion

אֲהוּבָתִי הַיְחִידָה

1951 my only love

פָּתוּחַ

1952 open

לִפְתֹּחַ

1953 to open

נִיתּוּחַ

1954 operation

אוֹפּוֹסוּם (חַיַּת כִּיס)

1955 opossum

שֶׁמִּנֶּגֶד

הֵם גָּרִים בַּדִּירָה שֶׁמִּנֶּגֶד.

They live in the flat opposite ours.

1956 opposite

אוֹ

אַתָּה יָכוֹל לְהָכִין שִׁיעוּרִים אוֹ לְהִתְרַחֵץ.

You may do homework or take a shower.

1957 or

תַּפּוּז

1958 orange

כָּתוֹם

1959 orange

בּוּסְתָּן

1960 orchard

תִּזְמֹרֶת

1961 orchestra

סַחְלָב

1962 orchid

הִזְמִין (לְהַזְמִין)

1963 to order

אוֹרֶגָנוֹ

1964 oregano

עוּגָב

1965 organ

זַהֲבָן
1966 oriole

יָתוֹם
1967 orphan

בַּת יַעֲנָה
1968 ostrich

כֶּלֶב הַנָּהָר
1969 otter

אוּנְקִיָּה
1970 ounce

תַּחַת כִּיפַּת הַשָּׁמַיִם
1971 outdoors

תִּלְבּוֹשֶׁת
1972 outfit

בֵּיצִי
1973 oval

תַּנּוּר
1974 oven

מחוץ לִסְפִינָה
1975 Man overboard!

מְעִיל עֶלְיוֹן
1976 overcoat

לִגְלֹשׁ
1977 to overflow

עַרְדָּל
1978 overshoe

לְהִתְהַפֵּךְ
1979 to overturn

חַיָּב
הַכִּי טוֹב לֹא לִהְיוֹת חַיָּב כֶּסֶף.

It is best not to owe money.

1980 to owe

יַנְשׁוּף
1981 owl

בְּעָלִים
אֲנַחְנוּ הַבְּעָלִים שֶׁל הַבַּיִת.

We own the house.

1982 to own

שׁוֹר
1983 ox

חַמְצָן
1984 oxygen

צִדְפָּה
1985 oyster

	לֶאֱרֹז	חֲבִילָה	פִּינְקָס
P	1986 to pack	1987 package	1988 pad

מָשׁוֹט	לַחְתֹּר	מַנְעוּל	כַּן שִׁילוּחַ
1990 paddle	1991 to paddle	1992 padlock	1989 pad

דַּף	דְּלִי	צֶבַע	צֶבַע טָרִי
1993 page	1994 pail	1996 paint	1997 wet paint

כְּאֵב	צַבָּע	צְבִיעָה (לִצְבֹּעַ)	מִבְרֶשֶׁת
1995 pain	2000 painter	1998 to paint	1999 paintbrush

צִיּוּר	זוּג	אַרְמוֹן	חִיוֵּר
2001 painting	2002 a pair of shoes	2003 palace	2004 pale

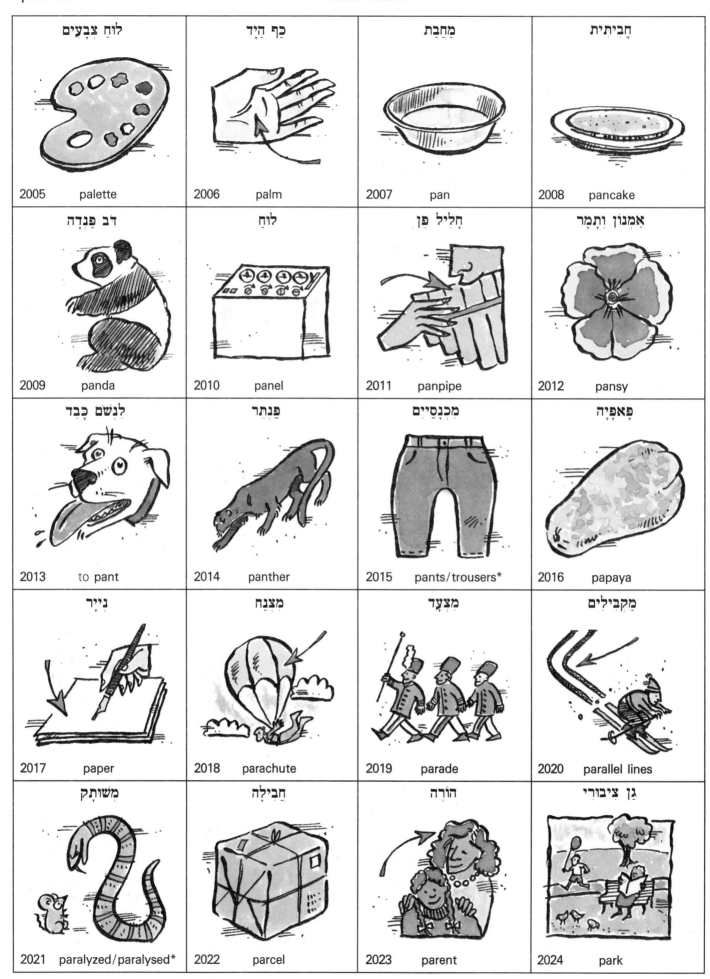

לוֹחַ צְבָעִים	כַּף הַיָד	מַחְבַּת	חֲבִיתִית
2005　palette	2006　palm	2007　pan	2008　pancake
דֹב פַּנְדָה	לוּחַ	חָלִיל פָּן	אַמְנוֹן וְתָמָר
2009　panda	2010　panel	2011　panpipe	2012　pansy
לִנְשֹׁם כָּבֵד	פַּנְתֵר	מִכְנָסַיִם	פָּאפָיָה
2013　to pant	2014　panther	2015　pants/trousers*	2016　papaya
נְיָיר	מִצְנָח	מִצְעָד	מַקְבִּילִים
2017　paper	2018　parachute	2019　parade	2020　parallel lines
מְשׁוּתָּק	חֲבִילָה	הוֹרֶה	גַן צִיבּוּרִי
2021　paralyzed/paralysed*	2022　parcel	2023　parent	2024　park

חוֹנֶה (לַחֲנוֹת)	מְעִיל חוֹרֶף	בֵּית נִבְחָרִים	תוּכִּי
2025 to park	2026 parka	2027 parliament	2028 parrot
פֶּטְרוֹסִלִינוֹן	גֶּזֶר לָבָן	חֶלְקִיק	בֶּן זוּג
2029 parsley	2030 parsnip	2031 particle	2032 partner
מְסִיבָּה	מָסְרָה (לִמְסֹר)	לְהִתְעַלֵּף	מַעֲבָר
2033 party	2034 to pass	2035 to pass out	2036 passage
נוֹסֵעַ	דַּרְכּוֹן	בֶּעָבָר	אַטְרִיּוֹת
		בֶּעָבָר לֹא הָיוּ מְטוֹסִים וּסְפִינוֹת. *In the past there were no planes or ships.*	
2037 passenger	2038 passport	2039 past	2040 pasta
לְהַדְבִּיק	בִּילּוּי זְמַן	דִּבְרֵי מַאֲפֶה	אַדְמַת מִרְעֶה
2041 to paste	2042 pastime	2043 pastry	2044 pasture

טְלַאי

2045 patch

שְׁבִיל

2046 path

סַבְלָנִית

2047 She is patient.

פַּצִיאֶנְט

2048 patient

דֶּגֶם

2049 pattern

אַתְנַחְתָּא

אָדָם עוֹרֵךְ אַתְנַחְתָּא

בֵּין פֶּרֶק לְפֶרֶק.

Adam paused between chapters.

2050 to pause

מִדְרָכָה

2051 pavement/road*

רֶגֶל (של חיה)

2052 paw

שִׁילֵּם (לְשַׁלֵּם)

2053 to pay

טֶלֶפוֹן צִיבּוּרִי

2054 pay phone/phone box*

שָׁלוֹם

2055 peace

אֲפַרְסֵק

2056 peach

טַוָּס

2057 peacock

פִּסְגָּה

2058 peak

צִלְצוּל

2059 peal of a bell

בּוֹטֶן

2060 peanut

אַגָּס

2061 pear

פְּנִינָה

2062 pearl

אֲפוּנָה

2063 peas

זֶבֶל אוֹרְגָּנִי

2064 peat moss

אֶבֶן חָצָץ

2065 pebbles

אֱגוֹז פֶּקָאן

2066 pecan

נִיקֵּר (לְנַקֵּר)

2067 to peck

דַּוְושָׁה

2068 pedal

לְהָנִיעַ אֶת הַדַּוְושָׁה

2069 to pedal

הוֹלֵךְ רֶגֶל

2070 pedestrian

מַעֲבַר חֲצִיָּה

2071 pedestrian crossing

לִקְלוֹף

2072 to peel

שַׂקְנַאי

2073 pelican

עֵט

2074 pen

עִפָּרוֹן

2075 pencil

מְטוּטֶלֶת

2076 pendulum

פִּנְגְּווִין

2077 penguin

אוֹלָר

2078 penknife

מְחוּמָשׁ

2079 pentagon

אֲנָשִׁים

2080 people

פִּלְפֵּל טָחוּן

2081 pepper

נַעְנַע

2082 peppermint

דְּקַר מַיִם מְתוּקִים

2083 perch

יָשַׁב עַל עָנָף

2084 perch

בִּצוּעַ, הוֹפָעָה	בּוֹשֶׂם	נְקוּדָה	וִינְקָה
2085 performance	2086 perfume	2087 period/full stop*	2088 periwinkle

בֶּן אָדָם	דְּבָר	לְהָצִיק	גּוּר שַׁעֲשׁוּעִים
2089 person	2090 pest	2091 to pester	2092 pet

עֲלֵה כּוֹתֶרֶת	פֶּטוּנְיָה	רוֹקַחַת	לִיטֵף (לְלַטֵף)
2094 petal	2095 petunia	2096 pharmacist/chemist*	2093 to pet

בֵּית מִרְקַחַת	פַּסְיוֹן	טֶלֶפוֹן	תְּמוּנָה
2097 pharmacy/chemist's*	2098 pheasant	2099 phone	2100 photograph

פְּסַנְתֵּר	לִבְחֹר	הֲרִימָה (לְהָרִים)	מַקּוֹשׁ
2101 piano	2102 to pick	2103 to pick up	2104 pickaxe

מְלָפְפוֹן כָּבוּשׁ	לִכְבֹּשׁ, לְהַחְמִיץ	פִּיקְנִיק	צִיּוּר
2105　pickles	2106　to pickle	2107　picnic	2108　picture
פַּשְׁטִידָה	חֲתִיכָה	חִיבֵּר (לְחַבֵּר)	מֵזַח
2109　pie	2110　a piece/slice* of pie	2111　to piece together	2112　pier
חֲזִיר – חַיָּה לֹא כְּשֵׁרָה.	יוֹנָה	דִּיר חֲזִירִים	עֲרֵמָה
2113　pig	2114　pigeon	2115　pigsty	2116　pile
גְּלוּלָה	עַמּוּד	כַּר	צִיפִּית
2117　pill/tablet*	2118　pillar	2119　pillow	2120　pillowcase
טַיָּיס	חַטָּט	מַצְבְּטַיִם	צְבִיטָה (לִצְבֹּט)
2121　pilot	2122　pimple	2123　pincers	2124　to pinch

אֹורֶן

2125 pine

אֲנָנָס

2126 pineapple

וָרוֹד

2127 pink

מִקְטֶרֶת

2128 pipe

שׁוֹדֵד יָם

2129 pirate

אֱגוֹז פִּסְתָּק

2130 pistachio

אֶקְדָּח

2131 pistol

לִזְרֹק כַּדּוּר (בְּבֵיסְבּוֹל)

2132 to pitch

רִיחֵם

רוֹנִי רִיחֵם עַל הַיֶּלֶד שֶׁחֲתוּלוֹ אָבַד.

Ronny pitied the poor boy that lost his cat.

2136 to pity

מָקוֹם

נַסֵּה לִשְׁמוֹר עַל כָּל דָּבָר בִּמְקוֹמוֹ.

Try to keep everything in place.

2137 place

דָּג מֹשֶׁה רַבֵּנוּ

2138 plaice

זְרִיקַת כַּדּוּר

הֵי, זוֹ הָיְתָה זְרִיקַת כַּדּוּר נִפְלָאָה.

Hey, that was a great pitch.

2133 pitch

פָּשׁוּט

2139 plain shirt

עֲרָבָה

2140 plain

לְתַכְנֵן

2141 to plan

קִלְשׁוֹן

2134 pitchfork

מַקְצוּעַ

2142 plane

כּוֹכְבֵי לֶכֶת

2143 planets

קֶרֶשׁ

2144 plank

מְכַסֶּה בְּזֶפֶת

2135 pitch tar

2145 plants — צְמָחִים

2146 to plant — לִשְׁתֹּל

2147 plaster — טִיחַ

2148 to plaster — לְטַיֵּחַ

2149 plastic — פְּלַסְטִי

2150 plasticine — כַּיָּיר

2151 plate — צַלַּחַת

2152 plateau — רָמָה

2153 platform — רָצִיף

2154 to play — לְשַׂחֵק

2155 playground — מִגְרַשׁ מִשְׂחָקִים

2156 playing cards — קְלָפִים

2157 to plead — לְהַפְצִיר

2158 a pleasant day — נָעִים

2159 A glass of milk, please. — בְּבַקָּשָׁה

2160 pleat — קְפָלִים

2161 pliers — מֶלְקָחַיִם

2162 plow/plough* — מַחֲרֵשָׁה

2163 to pluck — תְּלִישָׁה (לִתְלֹשׁ)

2164 plug — תֶּקַע

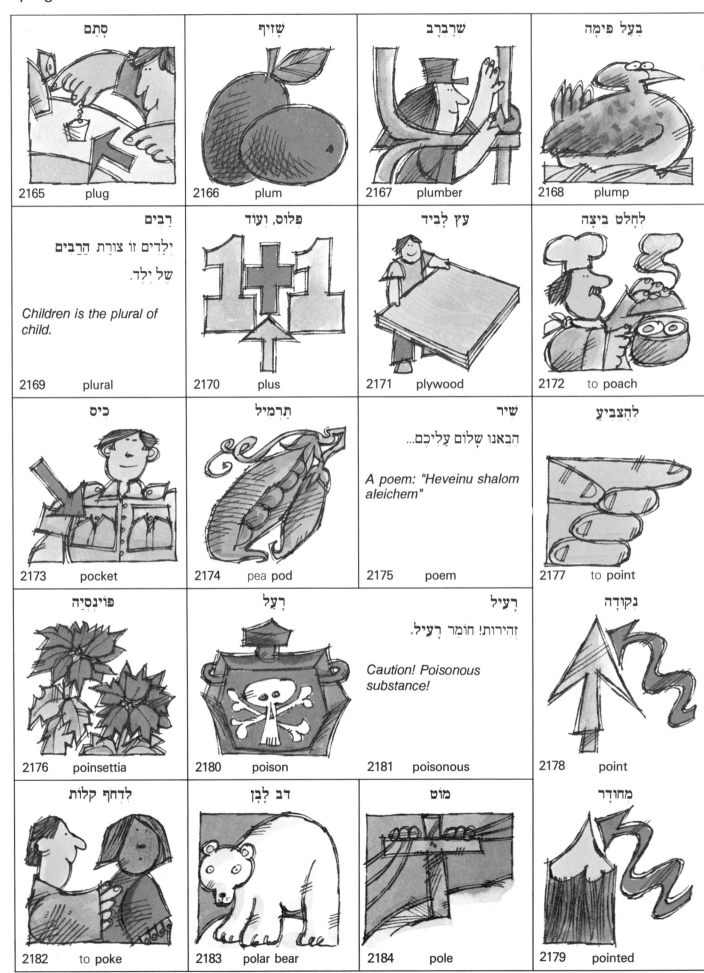

סָתַם
2165   plug

שְׁזִיף
2166   plum

שְׁרַבְרָב
2167   plumber

בַּעַל פִּימָה
2168   plump

רַבִּים
יְלָדִים זוֹ צוּרַת הָרַבִּים
שֶׁל יֶלֶד.

Children is the plural of child.

2169   plural

פְּלוֹס, וְעוֹד
2170   plus

עֵץ לָבִיד
2171   plywood

לַחֲלֹט בֵּיצָה
2172   to poach

כִּיס
2173   pocket

תַּרְמִיל
2174   pea pod

שִׁיר
הֲבֵאנוּ שָׁלוֹם עֲלֵיכֶם...

A poem: "Heveinu shalom aleichem"

2175   poem

לְהַצְבִּיעַ
2177   to point

פּוֹינְסִיָה
2176   poinsettia

רַעַל
2180   poison

רָעִיל
זְהִירוּת! חוֹמֶר רָעִיל.

Caution! Poisonous substance!

2181   poisonous

נְקוּדָה
2178   point

לִדְחֹף קַלּוֹת
2182   to poke

דֹּב לָבָן
2183   polar bear

מוֹט
2184   pole

מְחוּדָּד
2179   pointed

שׁוֹטֵר	שׁוֹטֶרֶת	לְצַחְצֵחַ	מְנוּמָס
			אֵין זֶה מְנוּמָס לִצְעוֹק
			It's not polite to shout.
2185 policeman	2186 policewoman	2187 to polish	2188 polite
אַבְקָה	רִימוֹן	מִקְוֵה מַיִם	סוּס פּוֹנִי
2189 pollen	2190 pomegranate	2191 pond	2192 pony
בְּרֵיכָה	לִתְרֹם לְקוּפָּה מְשׁוּתֶּפֶת	עֲלוּבוֹת	לִפְקֹק
		רוֹנִית הִגִּיעָה לְתוֹצָאוֹת עֲלוּבוֹת כִּי לֹא הִתְכּוֹנְנָה כָּרָאוּי.	
		Ronit had poor results because she didn't prepare herself.	
2193 pool	2194 to pool	2195 poor	2196 to pop
צַפְצָפָה	פֶּרֶג	אָהוּד	מִרְפֶּסֶת
		אָדָם הוּא יֶלֶד אָהוּד עַל חֲבֵרָיו.	
		Adam is a popular boy.	
2197 poplar	2198 poppy	2199 popular	2200 porch
נַקְבּוּבִית	דַּיְיסָה	נָמֵל	נַיֶּידֶת
			כְּשֶׁהִיא בַּגִּינָה אוֹהֶבֶת לִי לִצְפּוֹת בַּטֶּלֶוִיזְיָה הַנַּיֶּידֶת.
			Lee likes to watch her portable television in the garden.
2201 Pores are little holes in the skin.	2202 porridge	2203 port	2204 portable

שׁוֹעֵר

2205 porter

דְּיוֹקָן

2206 portrait

עַמּוּד

2207 post

לִשְׁלֹחַ בַּדּוֹאַר

2208 to post

גְּלוּיַת דּוֹאַר

2210 postcard

כְּרָזָה

2211 poster

סִיר

2212 pot

דּוֹאַר

2209 post office

תַּפּוּחַ אֲדָמָה

2213 potato

כְּלִי חֶרֶס

2214 pottery

שַׂקִּיק

2215 pouch

זִינֵּק (לְזַנֵּק)

2216 to pounce

לִירָה

הַמַּטְבֵּעַ הַבְּרִיטִי נִקְרָא

לִירָה שְׁטֶרְלִינְג

A pound is British currency.

2217 pound

לְהָלֵם

2218 to pound

לִמְזֹג

2219 to pour

שִׁירְבֵּב (לְשַׁרְבֵּב)

2220 to pout

פּוּדְרָה

2221 powder

תִּרְגּוּל (לְתַרְגֵּל)

2222 to practice/practise*

עֲרָבָה

2223 prairie

לְשַׁבֵּחַ

2224 to praise

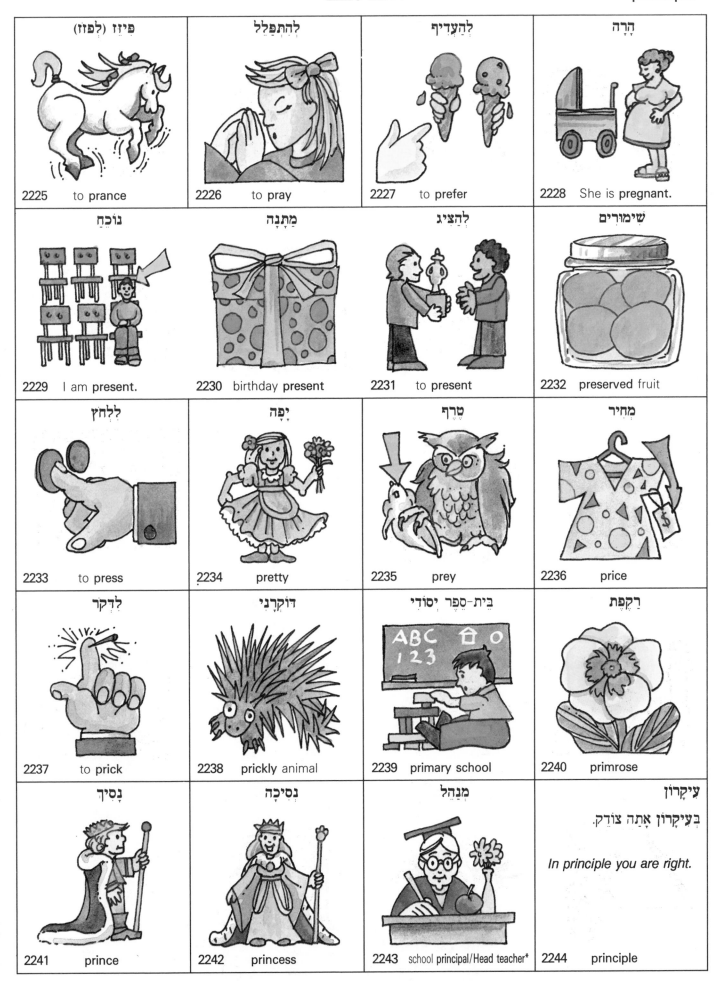

פִּיזֵז (לְפַזֵז)	לְהִתְפַּלֵל	לְהַעֲדִיף	הָרָה
2225 to prance	2226 to pray	2227 to prefer	2228 She is **pregnant.**

נוֹכֵחַ	מַתָּנָה	לְהַצִּיג	שִׁימּוּרִים
2229 I am **present.**	2230 birthday **present**	2231 to **present**	2232 **preserved** fruit

לִלְחֹץ	יָפָה	טֶרֶף	מְחִיר
2233 to **press**	2234 **pretty**	2235 **prey**	2236 **price**

לִדְקֹר	דּוֹקְרָנִי	בֵּית-סֵפֶר יְסוֹדִי	רַקֶּפֶת
2237 to **prick**	2238 **prickly** animal	2239 **primary** school	2240 **primrose**

נָסִיךְ	נְסִיכָה	מְנַהֵל	עִיקָּרוֹן
			בְּעִיקָּרוֹן אַתָּה צוֹדֵק.
			In principle you are right.
2241 **prince**	2242 **princess**	2243 school **principal**/Head teacher*	2244 **principle**

לְהַדְפִּיס

2245 to print

מִנְסָרָה

2246 prism

בֵּית סוֹהַר

2247 prison

אָסִיר

2248 prisoner

פְּרָטִית

אָסִי וַאֲנִי מְנַהֲלִים שִׂיחָה פְּרָטִית.

Assi and I are having a private discussion.

2249 private

פְּרָס

2250 prize

בְּעָיָה

2251 problem

תוֹצֶרֶת

2252 produce

תוֹכְנִית

2254 program/programme*

אָסוּר

2255 prohibited

פְּרוֹיֶיקְט

אֵיתָן עָבַד קָשֶׁה עַל פְּרוֹיֶיקְט הַגְּמַר שֶׁלּוֹ.

Ethan worked hard on his final project.

2256 project

מְיַצֵּר (לְיַצֵּר)

2253 This factory **produces** cars.

הַבְטָחָה (לְהַבְטִיחַ)

2257 I promise.

שֵׁן

2258 prong

בִּטֵּא (לְבַטֵּא)

2259 to pronounce

רְאָיָה

2260 proof of guilt

לִתְמֹךְ

2261 to prop

מַדְחֵף

2262 propeller

כָּרָאוּי, מַתְאִים

2263 properly dressed

נְכָסִים

הַנְּכָסִים הֵם בְּבַעֲלוּת הַמִּשְׁפָּחָה.

The property belongs to the family.

2264 property

מְחָאָה (לִמְחוֹת)

2265 to **protest**

גֵּא

2266 I am a **proud** cat.

לְהוֹכִיחַ

2267 to **prove**

אִמְרוֹת

הַרְבֵּה **אִמְרוֹת** נִלְקְחוּ מֵהַתּוֹרָה

Many proverbs are taken from the Bible.

2268 **proverb**

סִיפֵּק (לְסַפֵּק)

2269 to **provide** chairs

שְׁזִיף מְיוּבָּשׁ

2270 **prune**

לִגְזוֹם

2271 to **prune**

טֶלֶפוֹן צִיבּוּרִי

2272 **public** telephone/**phone box***

רַפְרֶפֶת

2273 **pudding/afters***

שְׁלוּלִית

2274 **puddle**

נְשִׁיפָה (לִנְשׁוֹף)

2275 to **puff**

פְּרַטֶרְקוּלָה

2276 **puffin**

לִמְשׁוֹךְ

2277 to **pull**

גַּלְגֶּלֶת

2278 **pulley**

סְוֶודֶר עֶלְיוֹן

2279 **pullover/sweater***

דּוֹפֶק

2280 **pulse**

מַשְׁאֵבָה

2281 **pump**

לִשְׁאוֹב

2282 to **pump**

דְּלַעַת

2283 **pumpkin**

לְהַכּוֹת בְּאֶגְרוֹף

2284 to **punch**

דַּיְקָן	נִיקֵב (לְנַקֵב)	הֶעֱנִישָׁה (לְעֲנֹשׁ)	עוֹנֶשׁ
2285 You are punctual.	2286 to puncture	2287 to punish	2288 punishment

בּוּבַּת עֵץ	כְּלַבְלַב	טָהוֹר	סָגוֹל
2289 puppet	2290 puppy	2291 pure water	2292 purple

לְנַהֵם	אַרְנָק	לִרְדֹּף	לִדְחֹף
2293 to purr	2294 purse/handbag*	2295 to pursue	2296 to push

לְהַנִּיחַ	שָׂם בְּמָקוֹם (לָשִׂים)	דּוֹחָה (לִדְחוֹת)	מֶרֶק
2297 to put	2298 to put away	2299 to put off	2300 putty

חִידַת הַרְכָּבָה	פִּיגָ׳מָה	פִּירָמִידָה	פֶּתֶן
2301 puzzle	2302 pyjamas*/pajamas	2303 pyramid	2304 python

שְׂלָיו

2305 quail

אֵיכוּת

2306 quality watch

כַּמּוּת

2307 quantity

תִּגְרָה

2308 to quarrel

מַחְצָבָה

2309 quarry

רֶבַע

2310 quarter

מֵזַח

2311 quay

מַלְכָּה

2312 queen

שְׁאֵלָה

2313 to ask a question

מָהִיר

2314 quick

חוֹל טוֹבְעָנִי

2315 quicksand

שְׁקֵטָה

2316 She is quiet.

עֵט נוֹצָה

2317 quill

דּוֹקְרָן

2318 porcupine quill

שְׂמִיכַת נוֹצוֹת

2319 quilt/eiderdown*

חַבּוּשׁ

2320 quince

אַשְׁפָּה לְחִיצִים

2321 quiver

לְרַטֵּט

2322 to quiver

בּוֹחַן

הַמּוֹרָה קִיְּמָה בּוֹחַן פֶּתַע בְּדִקְדּוּק.

The teacher gave a quiz in grammar.

2323 quiz

R

אַרְנָב	דֹב רוֹחֵץ	לְהִכָּנֵס לְמֵירוּץ
2324 rabbit	2325 raccoon	2326 to race

מִתְלֶה	רַעַשׁ	מַקְרֵן	רַדְיוֹ
2327 rack/hat-stand*	2328 racket	2329 radiator	2330 radio

צְנוֹן	רַדְיוּס	דּוֹבְרָה	פְּשִׁיטָה
2331 radish	2332 radius	2333 raft	2334 a raid in progress

מַעֲקֶה	מְסִלַּת בַּרְזֶל	יָרַד גֶּשֶׁם	קֶשֶׁת בֶּעָנָן
2335 handrail/banister*	2336 railroad track/railway track*	2337 to rain	2338 rainbow

מְעִיל גֶּשֶׁם	לְהָרִים	צִמּוּק	מַגְרֵפָה
	הַתּוֹמְכִים בָּרַעְיוֹן מִתְבַּקְּשִׁים לְהָרִים יָדַיִם.		
	All in favor of the idea, raise your hands.		
2339 raincoat	2340 to raise	2341 raisin	2342 rake

לְטַפֵּחַ, לְדַפֵּק

2343 to **rap/knock***

מָהִיר

2344 rapid

נָדִיר

2345 rare

תִּפְרַחַת

2346 rash

פֶּטֶל

2347 raspberry

חוּלְדָה

2348 rat

רַעֲשָׁן

2349 rattle

נָחָשׁ נְקִישָׁה

2350 rattlesnake

עוֹרֵב שָׁחוֹר

2351 raven

רָעֵב מְאוֹד

2352 ravenous

גֵּיא הָרִים

2353 ravine

נָא

2354 a **raw** egg

קֶרֶן

2355 **ray** of sunlight

סַכִּין גִּילּוּחַ

2356 razor

הֶישֵּׂג-יָד (לְהַשִּׂיג)

2357 to **reach**

לִקְרֹא

2358 to **read**

מוּכָן

2359 ready

אֲמִיתִּי

2360 real

מִימֵשָׁה (לְמַמֵּשׁ)

2361 to **realize/realise***

מַמָּשׁ, בֶּאֱמֶת

2362 Are you **really** here?

אֲחוֹרִי	מַרְאַת תַּשְׁקִיף אֲחוֹרִית	לְהִתּוֹכֵחַ	סָבִיר
			זֶהוּ מְחִיר סָבִיר. *That is a reasonable price.*
2363 rear	2364 rearview mirror	2365 to reason	2366 reasonable

הִתְמַרֵד	נִזְכַּר (לִזְכֹּר)	קִבְּלָה (לְקַבֵּל)	לָאַחֲרוֹנָה
הָעָם הִתְמַרֵד כְּנֶגֶד הַגְּזֵירוֹת הַכַּלְכָּלִיּוֹת. *People rebelled against economic cuts.*			
2367 to rebel	2368 I do not recall.	2369 to receive	2370 recently hatched

מַתְכּוֹן	דִּקְלוּם (לְדַקְלֵם)	תַּקְלִיט	פַּטִיפוֹן
2371 recipe	2372 to recite	2373 record	2374 record player

הֶחֱלִים	מַלְבֵּן	אָדוֹם	קְנֵה סוּף
לִיאוֹר הֶחֱלִים בִּמְהִירוּת מִמַּחֲלָתוֹ. *Lior recovered quickly from his illness.*			
2375 to recover	2376 rectangle	2377 red	2378 reed

שׁוּנִית	לְהַסְרִיחַ	סְלִיל	שׁוֹפֵט
2379 reef	2380 to reek	2381 reel	2382 referee

הִשְׁתַּקְּפוּת

2383 **reflection**

מְקָרֵר

2384 **refrigerator**

סֵירֵב (לְסָרֵב)

2385 to **refuse**

אֵיזוֹר

2386 **region**

נִרְשַׁם (לֵרָשֵׁם)

2387 to **register**

הִצְטַעֵר

2388 to **regret**

חֲזָרוֹת (לַחֲזוֹר)

2389 Actors **rehearse** a play.

אַיָל

2390 **reindeer**

מוֹשְׁכָה

2391 **reins**

שְׁאֵרֵי-בָּשָׂר

2392 **relatives**

נִינוֹחַ (לָנוּחַ)

2393 to **relax**

לְשַׁחְרֵר

2394 to **release**

זָכְרָה (לִזְכֹּר)

2395 **Remember** to brush your teeth.

נִידָּח

2396 **remote** island

הֵסִיר (לְהָסִיר)

2397 to **remove**

שָׂכַרְנוּ

שָׂכַרְנוּ דִירָה בְּתֵל-אָבִיב.

*We **rented** a flat in Tel-Aviv.*

2398 to **rent**

תִּקְנָה (לְתַקֵּן)

2399 to **repair**

לַחֲזוֹר עַל

2400 to **repeat**

לְהַחְלִיף

2401 to **replace**

עָנָה (לַעֲנוֹת)

2402 to **reply**

זוֹחֵל

2403 reptile

לְהַצִּיל

2404 to rescue

מַאֲגָר

2405 reservoir

אַחְרַאי

אָדָם! אַתָּה אַחְרַאי לְנִיקְיוֹן חַדְרְךָ.

Adam! You are responsible for cleaning your room.

2406 responsible

נָח (לָנוּחַ)

2407 to rest

מִסְעָדָה

2408 restaurant

מַחְזִיר

גִּיל תָּמִיד מַחְזִיר אֶת הַסְּפָרִים לַסִּפְרִיָּה בַּזְּמַן.

Gil always returns his library books on time.

2409 to return

נָהַג לְאָחוֹר

2410 reverse

קַרְנַף

2411 rhinoceros

רִיבָּס

2412 rhubarb

חָרוּז:

יוֹנָתָן הַקָּטָן
רָץ בַּבּוֹקֶר אֶל הַגַּן...

2413 rhyme

צֵלָע

2414 rib

סֶרֶט

2415 ribbon

אוֹרֶז

2416 rice

עֲשִׁירִים

עַל הָעֲשִׁירִים לַעֲזוֹר לָעֲנִיִּים.

The rich should help the poor.

2417 rich

חִידָה

2418 riddle

לִרְכּוֹב

2419 to **ride** a horse

רֶכֶס

2420 ridge

יָמִין

2421 my **right** hand

יְמִינָה

בַּפְּנִיָּיה הַבָּאָה יְמִינָה.

Turn right at the next corner.

2422 right

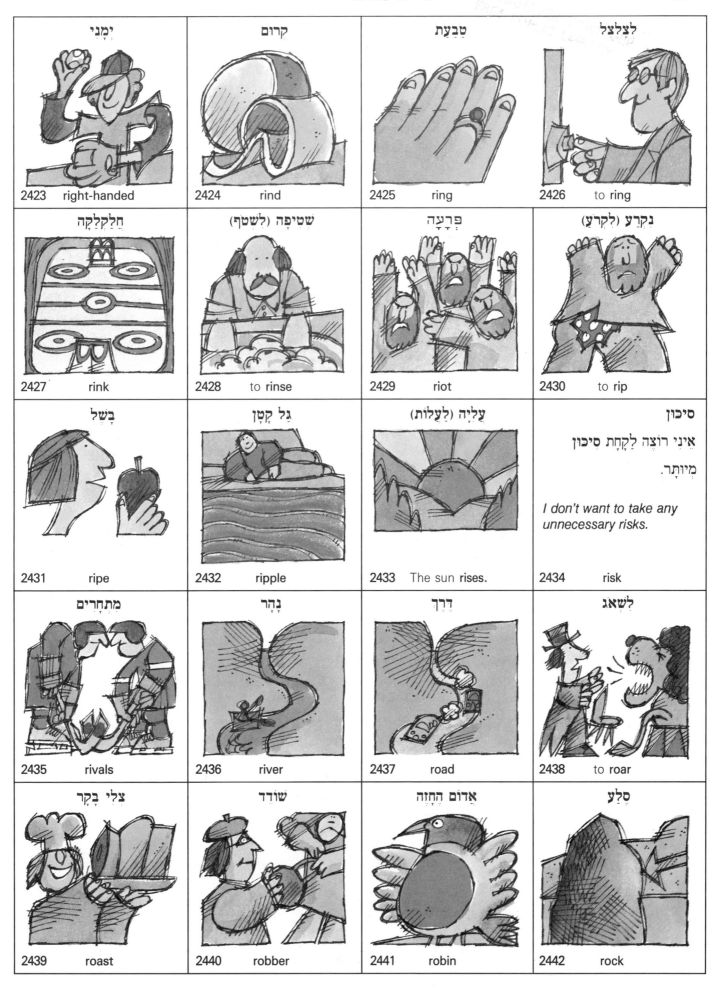

יְמָנִי

2423 right-handed

קְרוּם

2424 rind

טַבַּעַת

2425 ring

לְצַלְצֵל

2426 to ring

חֲלַקְלַקָּה

2427 rink

שְׁטִיפָה (לִשְׁטֹף)

2428 to rinse

פְּרָעָה

2429 riot

נִקְרַע (לְקָרֵעַ)

2430 to rip

בָּשֵׁל

2431 ripe

גַּל קָטָן

2432 ripple

עֲלִיָּה (לַעֲלוֹת)

2433 The sun rises.

סיכון

אֵינִי רוֹצֶה לָקַחַת סִיכּוּן מְיוּתָּר.

I don't want to take any unnecessary risks.

2434 risk

מִתְחָרִים

2435 rivals

נָהָר

2436 river

דֶּרֶךְ

2437 road

לִשְׁאֹג

2438 to roar

צְלִי בָּקָר

2439 roast

שׁוֹדֵד

2440 robber

אֲדוֹם הֶחָזֶה

2441 robin

סֶלַע

2442 rock

לְנַדְנֵד	טִיל	כִּסֵּא נַדְנֵדָה	מוֹט
2443 to rock	2444 rocket	2445 rocking chair	2446 rod

גָּלִיל	לְהִתְגַּלְגֵּל	גַּלְגִּלִּית	מַעֲגִילָה
2447 roll	2448 to roll	2449 roller skate	2450 rolling pin

גַּג	חֶדֶר	נָח עַל מוֹט	שׁוֹרֶשׁ
2451 roof	2452 room	2453 to roost	2454 root

חֶבֶל	שׁוֹשַׁנָּה	כְּלִיל הַר	וָרוֹד
2455 rope	2456 rose	2457 rosemary	2458 rosy

רָקוּב	מְחוּסְפָּס	עָגוֹל	שׁוּרָה
2459 **rotten** apple	2460 rough	2461 round	2462 4 buttons in a **row**

לַחְתֹּר	מַלְכוּתִי	גּוּמִי	אַשְׁפָּה
2463 to row	2464 royal	2465 rubber	2466 rubbish
אוֹדֶם (אֶבֶן)	הֶגֶה	גַּס	מְטוֹרָשׁ
2467 ruby	2468 rudder	2469 He is rude.	2470 rugged terrain
חוּרְבָּן	כְּלָלִים אֲנִי מְשַׂחֵק לְפִי הַכְּלָלִים. *I play by the rules.*	שַׁלִּיט	רַעַם
2471 ruin	2472 rule	2473 ruler	2474 I hear a rumble.
רָץ (לָרוּץ)	בּוֹרֵחַ (לִבְרֹחַ)	לִדְרֹס	נִגְמַר (לְהִגָּמֵר)
2475 to run	2476 to run away	2477 to run over	2478 to run out of energy
חוֹפְזָה (לְהֵחָפֵז)	חֲלוּדָה	תֶּלֶם	שִׁיפוֹן
2479 to rush	2480 rust	2481 rut	2482 rye

	שָׂק	קָדוֹשׁ	עָצוּב
	2483 sack	2484 Truth is a **sacred** principle.	2485 sad

אוּכָּף	כַּסֶּפֶת	מִפְרָשׂ	מִפְרָשִׂית
2486 saddle	2487 safe	2488 sail	2489 sailboard

סִירַת מִפְרָשׂ	מַלָּח	סָלָט	מְכִירָה
2490 sailboat/sailing boat*	2491 sailor	2492 salad	2493 sale

אִלְתִּית	מֶלַח	הַצְדָּעָה (לְהַצְדִּיעַ)	זֵהֶה
2494 salmon	2495 salt	2496 to salute	2497 same

חוֹל	סַנְדָּל	כָּרִיךְ	מוֹהֵל (בְּצֶמַח)
2498 sand	2499 sandal	2500 sandwich	2501 sap

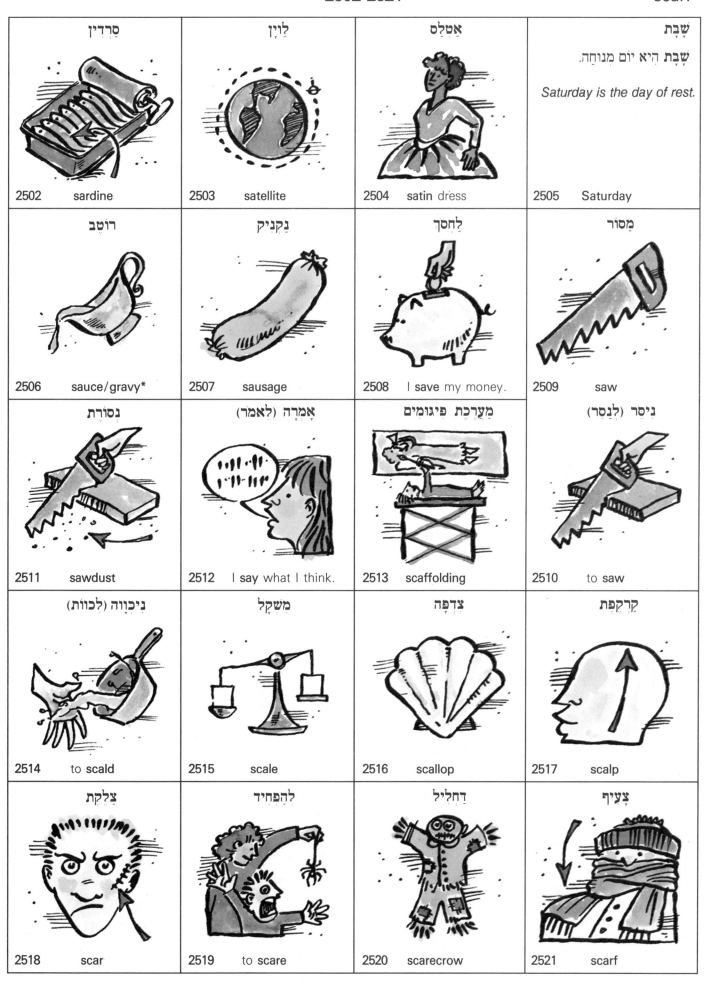

סַרְדִּין	לַוְיָן	אַטְלָס	שַׁבָּת
			שַׁבָּת הִיא יוֹם מְנוּחָה.
			Saturday is the day of rest.
2502 sardine	2503 satellite	2504 satin dress	2505 Saturday
רוֹטֶב	נַקְנִיק	לַחְסֹךְ	מַסּוֹר
2506 sauce/gravy*	2507 sausage	2508 I save my money.	2509 saw
נְסֹרֶת	אָמְרָה (לֵאמֹר)	מַעֲרֶכֶת פִּיגוּמִים	נִיסֵּר (לְנַסֵּר)
2511 sawdust	2512 I say what I think.	2513 scaffolding	2510 to saw
נִיכְוָוה (לִכְווֹת)	מִשְׁקָל	צִדְפָּה	קַרְקֶפֶת
2514 to scald	2515 scale	2516 scallop	2517 scalp
צַלֶּקֶת	לְהַפְחִיד	דַּחְלִיל	צָעִיף
2518 scar	2519 to scare	2520 scarecrow	2521 scarf

אָדוֹם כַּשָּׁנִי	מְקוֹם הִתְרַחֲשׁוּת	נוֹף	מִלְגָּה
2522 scarlet	2523 scene of a crime	2524 scenery	2525 scholarship

בֵּית הַסֵּפֶר	סְקוּנֵר	מִסְפָּרַיִם	לִגְרֹף בְּיָעֶה
2526 school	2527 schooner	2528 scissors	2529 to scoop

קַטְנוֹעַ	נֶחְרַךְ	לִזְכּוֹת בִּנְקֻדּוֹת	צוֹפֶה
2530 scooter	2531 scorched paper	2532 to score	2533 scout

נְיָיר טְיוּטָה	לְשַׁפְשֵׁף	מַגְרֵד	גֵּירוּד
2534 scraps of paper	2535 scrape	2536 scraper	2537 scratch

מָסָךְ	בּוֹרֶג	מַבְרֵג	לִרְחֹץ וּלְשַׁפְשֵׁף
2538 screen	2539 screw	2540 screwdriver	2541 to scrub

פַּסָּל

2542 sculptor

סוּס יָם

2543 seahorse

יָם

2544 Adriatic **sea**

שַׁחַף

2545 seagull

כֶּלֶב יָם

2546 seal

תֶּפֶר

2547 seam

חִיפֵּשׂ (לְחַפֵּשׂ)

2548 to **search**

זַרְקוֹר

2549 searchlight

עוֹנוֹת הַשָּׁנָה

אָבִיב, קַיִץ, סְתָיו וְחוֹרֶף
הֵם 4 **עוֹנוֹת הַשָּׁנָה**.

The four seasons are spring, summer, autumn and winter.

2550 seasons

מוֹשָׁב

2551 seat

חֲגוֹרַת בִּיטָּחוֹן

2552 seatbelt

אַצַּת יָם

2553 seaweed

שֵׁנִי

2554 second

סוֹד

2555 I have a **secret**.

רָאָה (לִרְאוֹת)

2556 to **see**

נַדְנֵדָה

2557 see-saw

זֶרַע

2558 seed

נִרְאָה

2559 It **seems** to be dead.

לִתְפֹּס בְּחוֹזְקָה

2560 to **seize**

אָנוֹכִי

2561 You are **selfish**.

מוֹכֶרֶת (לִמְכֹּר)	חֲצִי עִיגוּל	לִשְׁלֹחַ	רָגִישׁ
2562 to sell	2563 semicircle	2564 to send	2565 sensitive skin

מִשְׁפָּט	זָקִיף	סֶפְּטֶמְבֶּר	לְשָׁרֵת
הַנֶּאֱשָׁם הֵגִיב בְּמִשְׁפָּט אֶחָד: "בְּכַוָּונָתִי לְעַרְעֵר עַל גְּזַר הַדִּין". *The accused shouted the sentence: "I'll appeal the sentence."*			
2566 sentence	2567 sentry	2568 September	2569 to serve

שֶׁבַע	שְׁבִיעִי	אֲחָדִים	לִתְפֹּר
2570 seven	2571 seventh	2572 several	2573 to sew

מְכוֹנַת תְּפִירָה	מְרוּפָּט	בִּקְתָּה	צֵל
2574 sewing machine	2575 shabby	2576 shack	2577 shadow

שָׂעִיר	נַעֲנוּעַ (לְנַעֲנֵעַ)	רָדוּד	חֲפָף רֹאשׁ, חֲפִיפָה
2578 shaggy	2579 to shake	2580 shallow water	2581 shampoo

חִילֵק (לְחַלֵּק)

2582 to share

כָּרִישׁ

2583 shark

חַד

2584 sharp

מְחַדֵּד סַכִּינִים

2585 knife sharpener

לְהִתְנַפֵּץ

2588 to shatter

גִּילּוּחַ (לְגַלֵּחַ)

2589 to shave

מִסְפָּרַיִים

2590 shears

מְחַדֵּד מַחְלְקַיִם

2586 skate sharpener

נְדָן

2591 sheath

כֶּבֶשׂ

2592 sheep

סָדִין

2593 sheet

מְחַדֵּד עִיפָּרוֹן

2587 pencil sharpener

מַדָּף

2594 shelf

קוֹנְכִית

2595 shell

מַחְסֶה

2596 shelter

רוֹעֶה

2597 shepherd

מָגֵן

2598 shield

שׁוֹק

2599 shin

זָרְחָה (לִזְרֹחַ)

2600 to shine

רַעַף

2601 shingle

שַׁלְהֶבֶת חוֹרֶגֶת	מַבְרִיק	אוֹנִיָּה	סְפִינָה טְרוּפָה
2602 shingles	2603 shiny	2604 ship	2605 shipwreck

חוּלְצָה	לִרְעֹד	זַעֲזוּעַ	נַעֲלַיִם
2606 shirt	2607 to shiver	2608 shock	2609 shoes

שְׂרוֹךְ נַעַל	סַנְדְּלָר	יָרָה (לִירוֹת בְּ)	חֲנוּת
2610 shoelace	2611 shoemaker	2612 to shoot	2613 shop

חֶנְוָונִי	חַלוֹן רַאֲוָוה	חוֹף	נָמוּךְ
2614 shopkeeper	2615 shop window	2616 shore	2617 short

מִכְנָסַיִם קְצָרִים	כָּתֵף	לִצְווֹחַ	לִדְחֹף
2618 shorts	2619 shoulder	2620 to shout	2621 to shove

אֵת
2622 shovel

הֶרְאָה (לְהַרְאוֹת)
2623 to show

מִתְהַדֵּר (לְהִתְהַדֵּר)
2624 to show off

לְהוֹפִיעַ
2625 to show up/appear*

מִקְלַחַת
2626 shower

לִצְווֹחַ, לִצְרוֹחַ
2627 to shriek

סַרְטָן
2628 shrimp

לְהִתְכַּוֵּץ
2629 to shrink

שִׂיחַ
2630 shrub

טְרִיפַת קְלָפִים
2631 shuffle

תְּרִיסִים
2632 shutters

בַּיְישָׁן
2633 shy

חוֹלֶה
2634 sick

צַד
2635 side

מִדְרָכָה
2636 sidewalk/pavement*

נֶאֱנַח (לְהֵאָנַח)
2637 to sigh

שֶׁלֶט
2638 sign

לְאוֹתֵת
2639 to signal

חֲתִימָה
2640 signature

שׁוֹתֵק

נָתָן שׁוֹתֵק בַּשִּׁעוּ-רִים.

Nathan keeps silent during lessons.

2641 silent

אֶדֶן	מְטוּפָּש	כֶּסֶף	פָּשׁוּט
	יָאִיר טוֹעֵן שֶׁזֶּה סֶרֶט מְטוּפָּשׁ.		קַיָּים פִּיתָּרוֹן פָּשׁוּט.
	Yair thinks that it's a silly movie.		*There is a simple solution.*
2642 sill	2643 silly	2644 silver	2645 simple
שָׁר (לָשִׁיר)	יָחִיד	כִּיּוֹר	לִטְבֹּעַ
	דֶּרֶךְ הִיא צוּרַת הַיָּחִיד שֶׁל דְּרָכִים.		
	Road is the singular form of roads.		
2646 to sing	2647 singular	2648 sink	2649 to sink
לִלְגֹּם	אַזְעָקָה	אָחוֹת	יָשַׁב (לָשֶׁבֶת)
2650 to sip	2651 siren	2652 sister	2653 to sit
שֵׁשׁ	שִׁישִׁי	גּוֹדֶל	לְהַחְלִיק
2654 six	2655 sixth	2656 size	2657 to skate
גַּלְגִּלִּית	שֶׁלֶד	סִרְטוּט (לְשַׂרְטֵט)	מִגְלְשֵׁי סְקִי
2658 skateboard	2659 skeleton	2660 to sketch	2661 skis

לְהַחֲלִיק בְּמַגְלְשַׁיִם

2662 to ski

לְהַחֲלִיק

2663 to skid

עוֹר

2664 skin

דִּילוּג (לְדַלֵּג)

2665 to skip

רַב חוֹבֵל

2666 skipper/captain*

חֲצָאִית

2667 skirt

קַרְקֶפֶת

2668 skull

שָׁמַיִם

2669 sky

זַרְעִית הַשָּׂדֶה

2670 skylark

גּוֹרֵד שְׁחָקִים

2671 skyscraper

לִטְרֹק

2672 to slam

שִׁיפּוּעַ

2673 slanting floor

לִסְטֹר

2674 to slap

לִשְׂרֹט בְּחֶרֶב

2675 to slash

לוּחַ צִיפְּחָה

2676 slate

מִזְחֶלֶת

2677 sled/sleigh*

שֵׁינָה (לִישׁוֹן)

2678 to sleep

שַׂק שֵׁינָה

2679 sleeping bag

מְנוּמְנָם

2680 sleepy

סוּג שֶׁל שֶׁלֶג

2681 sleet

שַׁרְווּל

2682 sleeve

מַסְלוּל הַחֲלָקָה

2683 slide

רָזָה

2684 slim

מַגְעִיל

2685 slimy

מִתְלֶה

2686 sling

קֶלַע

2687 slingshot/catapult*

לְהַחֲלִיק וּלְמְעֹד

2688 to slip

נַעַל בַּיִת

2689 slipper

חֲלַקְלַק

2690 slippery

רַשְׁלָן

2691 slob

מִדְרוֹן

2692 slope

חָרִיץ

2693 slot

כָּפוּף

2694 to slouch

לְהָאֵט

יֵשׁ לְהָאֵט בְּסִיבוּבִים.

Slow down before making a turn.

2695 to slow down

מֵי רֶפֶשׁ

2696 slush

קָטָן

2697 small

חֲכָמָה

אוֹר חוֹשֵׁב שֶׁאֲחוֹתוֹ חֲכָמָה.

Orr thinks that his sister is smart.

2698 smart/clever*

נִיפּוּץ (לְנַפֵּץ)

2699 to smash

לִמְרֹחַ

2700 to smear

לְהָרִיחַ

2701 to smell

מַסְרִיחַ	עִישֵׁן (לְעַשֵׁן)	חָלָק	אֲרוּחָה קַלָּה
		לְאוֹר עוֹר חָלָק כְּמֶשִׁי	
		Orr's skin is smooth as silk.	
2702 smelly	2703 to smoke	2704 smooth	2705 to have a snack
שַׁבְּלוּל	נָחָשׁ	נִפְקַע (לְפְקַע)	נַעֲלֵי הִתְעַמְּלוּת
2706 snail	2707 snake	2708 to snap	2709 sneakers/trainers*
לְהִתְעַטֵּשׁ	שְׁנוֹרְקֵל	שֶׁלֶג	פְּתִית שֶׁלֶג
2710 to sneeze	2711 snorkel	2712 snow	2713 snowflake
נַעֲלֵי שֶׁלֶג	סַבּוֹן	כַּדּוּרֶגֶל	גֶּרֶב
2714 snowshoes	2715 soap	2716 soccer	2717 sock
שֶׁקַע	סַפָּה	רַךְ	חַיָּיל
2718 socket	2719 sofa/couch*	2720 soft	2721 soldier

דָּג סוֹל	פָּתְרָה (לִפְתּוֹר)	לְהִתְהַפֵּךְ בָּאֲוִיר	בֵּן
2722 sole	2723 She **solves** the problem.	2724 to **somersault**	2725 son

שִׁיר	בְּקָרוֹב בְּקָרוֹב יַגִּיעַ הַקַּיִץ. *Soon it will be summer.*	אַשָּׁף	כּוֹאֵב
2726 song	2727 soon	2728 sorcerer	2729 My arm is **sore**.

חוּמְעָה	מִצְטַעֵר	לְמַיֵּן	מָרָק
2730 sorrel	2731 sorry	2732 to **sort**	2733 soup

חָמוּץ	דָּרוֹם	חֲזִירָה	זָרְעָה (לִזְרוֹעַ)
2734 sour	2735 south	2736 sow	2737 to **sow**

חֲלָלִית	אֵת	לְהַצְלִיף בַּיַּשְׁבָן	גַּלְגַּל רֶזֶרְבִי
2738 spaceship	2739 spade	2740 to **spank**	2741 **spare** tire/tyre*

נִיצוֹץ	נוֹצֵץ (לִנְצֹץ)	דְּרוֹר	דִּיבֵּר (לְדַבֵּר)
2742　spark	2743　to sparkle	2744　sparrow	2745　to speak

רוֹמַח	הֵאִיץ (לְאוּץ)	אִיתָּה (לְאַיֵּת)	לְבַזְבֵּז
2746　spear	2747　to speed up	2748　to spell	2749　to spend

כַּדּוּר	מְתוּבָּל	עַכָּבִישׁ	דָּרְבָן
2750　sphere	2751　spicy	2752　spider	2753　spike

נִשְׁפַּךְ (לְשַׁפֵּךְ)	לְסוֹבֵב	תֶּרֶד	עַמּוּד הַשִּׁדְרָה
2754　to spill	2755　to spin	2756　spinach	2757　spine

לוֹלְיָינִי	מִגְדָּל חַד	לִירֹק	לְהַתִּיז
2758　spiral	2759　spire	2760　to spit	2761　to splash

שֶׁבֶב
2762 splinter

רָקוּב
2763 spoiled/rotten* fruit

סְפוֹג
2764 sponge

סְלִיל
2765 spool/reel*

כַּף
2766 spoon

כֶּתֶם
2767 spot

זַרְבּוּבִית
2768 spout

לְנַקֵּעַ
2769 to sprain

תַּרְסִיס (לְרַסֵּס)
2770 to spray

לִמְרֹחַ
2771 to spread

קְפִיץ
2772 spring

אָבִיב
2773 spring

זִילֵף (לְזַלֵּף)
2775 to sprinkle

לָרוּץ מֶרְחָק קָצָר
2776 to sprint

אַשׁוּחִית
2777 spruce

מַעְיָן
2774 spring

רִיבּוּעַ
2778 square

דְּלַעַת
2779 squash

לָשֶׁבֶת בִּשְׁפִיפָה
2780 to squat

לַחֲצָה (לִלְחֹץ)
2781 to squeeze

דִּיוֹנוֹן	סְנָאִי	לְהַתִּיז	אוּרְווֹה
2782 squid	2783 squirrel	2784 to squirt	2785 stable

בִּימָה	כֶּתֶם	מַעֲרֶכֶת מַדְרֵגוֹת	יָתֵד
2786 stage	2787 stain	2788 staircase	2789 wooden stake

מְעוּבָּשׁ

הָאֲסִירִים מְקַבְּלִים שְׁתֵּי פְרוּסוֹת לֶחֶם מְעוּבָּשׁ בְּיוֹם.

The prisoners get two slices of stale bread a day.

2790   stale bread

	גִּבְעוֹל	סוּס רְבִיעָה	בּוּל
	2791 celery stalk	2792 stallion	2793 stamp

לַעֲמֹד	כּוֹכָב	לִנְעֹץ מַבָּט	זָמִיר
2794 to stand	2795 star	2796 to stare	2797 starling

לְהַתְנִיעַ

2798   to start a car

גּוֹוֵעַ בָּרָעָב

כְּשֶׁדָּנִי רָעֵב הוּא מַגְזִים וְאוֹמֵר שֶׁהוּא גּוֹוֵעַ בָּרָעָב.

When Danny is hungry he exaggerates and says he is starving.

2799   to starve

תַּחֲנַת דֶּלֶק

2800   gas/petrol* station

תַּחֲנַת רַכֶּבֶת

2801   train/railway* station

אַנְדַרְטָה	הִשָּׁאֵר בַּמָּקוֹם!	אוּמְצַת בָּשָׂר	לִגְנֹב
2802 statue	2803 Stay there!	2804 steak	2805 to steal

אֵדֵי מַיִם	פְּלָדָה	תָּלוּל	שׁוֹר צָעִיר
2806 steam	2807 Kinves are made of **steel**.	2808 steep	2809 steer/bullock*

גִּבְעוֹל	מַדְרֵגָה	לִצְעֹד פְּנִימָה	נִיהֵג (לְנַהֵג)
2811 stem	2812 step	2813 to **step** in	2810 to steer

נָזִיד	מַקֵּל	לָצֵאת הַחוּצָה	דָּבִיק
2815 stew	2816 stick	2814 to **step** out	2817 sticky

קְשֵׁה עֹרֶף	עוֹקֵץ (לַעֲקֹץ)	עֲקִיצָה	לְהַסְרִיחַ
זֶהוּ עַם קְשֵׁה עֹרֶף.			
A stiff-necked nation.			
2818 stiff	2819 to **sting**	2820 sting	2821 to stink

עִירְבֵּב (לְעַרְבֵּב)

2822 to stir

גֶּרֶב נַיְלוֹן

2823 stockings

לְהִצְטַיֵּיד

2824 to stoke

בֶּטֶן

2825 stomach

אֶבֶן

2826 stone

שְׁרַפְרַף

2827 stool

לְהִתְכּוֹפֵף

2828 to stoop/bend down*

עֲצִירָה

2829 stop

חֲנוּת

2832 store/shop*

חֲסִידָה

2833 stork

סְעָרָה

2834 storm

לַעֲצֹר

2830 He stops the train.

סִיפּוּר

2835 story

תַּנּוּר

2836 stove/cooker*

יָשָׁר

2837 straight

שְׁהִיַּית בֵּינַיִים (לִשְׁהוֹת)

2831 to stop over

סִינֵּן (לְסַנֵּן)

2838 to strain

לְהִתְאַמֵּץ

2839 to strain

מוּזָר

2840 strange

לַחֲנֹק

2841 to strangle

רְצוּעָה

2842 strap

קַשׁ

2843 straw

תּוּת שָׂדֶה

2844 strawberry

נַחַל

2845 stream

דֶּגֶל

2846 streamer/pennant*

רְחוֹב

2847 street

פָּנַס רְחוֹב

2848 street light/lamp*

מָתְחָה (לִמְתֹּחַ)

2849 to stretch

אֲלוּנְקָה

2850 stretcher

שְׁבִיתָה

הַפּוֹעֲלִים פָּתְחוּ בִּשְׁבִיתָה כְּדֵי לְהַשִּׂיג תְּנָאֵי שָׂכָר טוֹבִים יוֹתֵר.

The workers started the strike to get a better salary.

2851 strike

הִיכְּתָה (לְהַכּוֹת)

2852 to strike

חוּט

2853 string

פַּס

2854 stripe

חָזָק

2855 strong

תַּלְמִיד

2856 student

לִלְמֹד

2857 to study

מְמוּלָּא

2858 a stuffed animal

גֶּדֶם

2859 stump

צוֹלֶלֶת

2860 submarine

חִיסֵּר (לְחַסֵּר)

2861 to subtract

מְצִיצָה (לִמְצֹץ)	לְפֶתַע	סֻכָּר	חֲלִיפָה
	לְפֶתַע כָּבָה הָאוֹר.		
	Suddenly the lights went off.		
2862 to suck	**2863** suddenly	**2864** sugar	**2865** suit

מִזְוָודָה	קַיִץ	שֶׁמֶשׁ	יוֹם רִאשׁוֹן
			סוֹף הַשָּׁבוּעַ מִסְתַּיֵּים בְּיוֹם רִאשׁוֹן.
			The weekend ends on Sunday.
2866 suitcase	**2867** summer	**2868** sun	**2869** Sunday

שְׁעוֹן שֶׁמֶשׁ	חַמָּנִית	זְרִיחַת הַשֶּׁמֶשׁ	שְׁקִיעַת הַשֶּׁמֶשׁ
2870 sundial	**2871** sunflower	**2872** sunrise	**2873** sunset

כֹּל בּוֹ, צָרְכָנִיָה	אֲרוּחַת עֶרֶב	בָּטוּחַ	מִשְׁטָח
		אֲנִי בָּטוּחַ שֶׁגַּם מָחָר תִּזְרַח הַשֶּׁמֶשׁ.	
		I'm sure tomorrow will also be a sunny day.	
2874 supermarket	**2875** supper/dinner*	**2876** sure	**2877** surface

מְנַתֵּחַ	שֵׁם מִשְׁפָּחָה	הַפְתָּעָה	כְּנִיעָה (לְהִכָּנַע)
	בַּשְׁאֵלוֹן הִתְבַּקַּשְׁנוּ לְמַלֵּא שֵׁם וְשֵׁם מִשְׁפָּחָה.		
	We were asked to fill in our first name and surname on the form.		
2878 surgeon	**2879** surname	**2880** surprise party	**2881** to surrender

מוּקָף (לְהַקִּיף)

2882 to surround

כְּתֵפִיּוֹת

2883 suspenders/braces*

לִבְלֹעַ

2884 to swallow

בַּרְבּוּר

2885 swan

לְהַחְלִיף

2886 to swap

עֲדַת דְּבוֹרִים

2887 swarm

לְהַזִּיעַ

2888 to sweat

סְוֶדֶר

2889 sweater/sweatshirt*

לְטַאטֵא

2890 to sweep

מָתוֹק

2891 sweet

פָּנָה (לִפְנוֹת)

2892 to swerve

שָׂחָה (לִשְׂחוֹת)

2893 to swim

נַדְנֵדָה

2894 swing

לְהִתְנַדְנֵד

2895 to swing

מֶתֶג

2896 switch

לְהַחְלִיף

לִיאוֹר רוֹצֶה לְהַחְלִיף

מְקוֹם יְשִׁיבָה בַּכִּיתָּה.

Lior wants to switch places in the classroom.

2897 to switch

עָט (לָעוּט)

2898 to swoop

חֶרֶב

2899 sword

דֹּלֶב

2900 sycamore

תַּרְכִּיז

2901 syrup

שׁוּלְחָן	מַפַּת שׁוּלְחָן	טַבְלִית
2902 table	2903 tablecloth	2904 tablet

נַעַץ	לְהַפִּיל אַרְצָה	רֹאשָׁן	זָנָב
2905 tack	2906 to tackle	2907 tadpole	2908 tail

לָקַחַת	פֵּירֵק (לְפָרֵק)	לָקַחַת עִימוֹ	לָקַחַת בַּחֲזָרָה
2910 to take	2911 to take apart	2912 to take away	2913 to take back

הֵסִיר (לְהָסִיר)	הִמְרָאָה (לְהַמְרִיא)	לְהוֹצִיא הַחוּצָה	לָקַחַת מוּכָן
2914 to take off	2915 to take off	2916 to take out	2917 take-out/take-away*

חַייָט	סִיפּוּר	כִּשְׁרוֹנוֹת	דִּיבֵּר (לְדַבֵּר)
		טַל מִשְׁתַּתֵּף בְּתַחֲרוּת לְכִשְׁרוֹנוֹת צְעִירִים. *Tal is appearing in the young talent competition.*	
2909 tailor	2918 tale	2919 talent	2920 to talk

גָּבוֹהַ	טַנְבּוּרִית	מְאוּלָף	שִׁיזּוּף
2921 tall	2922 tambourine	2923 tame	2924 tan

מַנְדָּרִינָה	סְבָךְ	מֵיכָל	מֵיכָלִית
2925 tangerine	2926 tangled	2927 tank	2928 tanker

בֶּרֶז	סֶרֶט	לְהַדְבִּיק	רְשַׁמְקוֹל
2929 tap	2930 tape	2931 to tape	2932 tape recorder

זֶפֶת	מַטָּרָה	לַעֲנָה	עוּגַת פֵּירוֹת
2933 tar	2934 target	2935 tarragon	2936 tart

מְשִׂימָה	לִטְעֹם	טָעִים	מוֹנִית
		הָאוֹכֶל בְּמִסְעָדָה הַסִּינִית הָיָה טָעִים.	
		The food in the Chinese restaurant was tasty.	
2937 task	2938 to taste	2939 tasty	2940 taxi

תֵּה	לִימְּדָה (לְלַמֵּד)	מוֹרָה	קְבוּצָה
2941　a cup of **tea**	2942　to **teach**	2943　**teacher**	2944　**team**
קַנְקַן תֵּה	דִּמְעָה	קְרִיעָה (לִקְרֹעַ)	תְּלִישָׁה (לִתְלֹשׁ)
2945　**teapot**	2946　**tear**	2947　to **tear**	2948　to **tear out**
מִבְרָק	טֶלֶפוֹן	טִלְפְּנָה (לְטַלְפֵּן)	טֶלֶסְקוֹפּ
2949　**telegram**	2950　**telephone**	2951　to **telephone**	2952　**telescope**
טֶלֶוִיזְיָה	לֶאֱמֹר	מֶזֶג	טֶמְפֶּרָטוּרָה
2953　**television**	2954　to **tell**	יָדוּעַ שֶׁהוּא אָדָם חַם מֶזֶג. *It is known that he is hot tempered.* 2955　**temper**	2956　**temperature**
עֶשֶׂר	טֶנִיס	נַעֲלֵי טֶנִיס	אֹהֶל
2957　**ten** apples	2958　**tennis** racquet and ball	2959　**tennis** shoe	2960　**tent**

עֲשִׂירִי	מָסוֹף	לִבְדֹק	הוֹדָה (לְהוֹדוֹת)
2961 tenth	2962 terminal	2963 to **test** the water	2964 to **thank**

לְהַפְשִׁיר	תֵּיאַטְרוֹן	שָׁם	מַדְחוֹם
2965 to **thaw**	2966 theater/theatre*	2967 there	2968 thermometer

עָבֶה	גַּנָּב	יָרֵךְ	אֶצְבָּעוֹן
2969 thick	2970 thief	2971 thigh	2972 thimble

רָזֶה	דָּבָר	לַחְשֹׁב	שְׁלִישִׁי
	דּוּדוּ דִּבֵּר עַל דְּבָרִים מַצְחִיקִים.		
	Dudu said some funny things.		
2973 thin	2974 thing	2975 to **think**	2976 third

צָמֵא	דַּרְדַּר	קוֹץ	חוּט
2977 thirsty	2978 thistle	2979 thorn	2980 thread

לְהַשְׁחִיל	שָׁלוֹשׁ	מִפְתָּן	גָּרוֹן
2981 to thread	2982 three	2983 threshold	2984 throat

כֵּס מַלְכוּת	לִזְרֹק	לְהָקִיא	אֲגוּדָל
2985 throne	2986 to throw	2987 to throw up/be sick*	2988 thumb

רַעַם	סוּפַת רְעָמִים	יוֹם חֲמִישִׁי	קוֹרָנִית
		גִּיל הוֹלֵךְ לְשִׁיעוּר שְׂחִיָּה כָּל יוֹם חֲמִישִׁי.	
		Gil has a swimming lesson every Thursday.	
2989 thunder	2990 thunderstorm	2991 Thursday	2992 thyme

כַּרְטִיס	לְדַגְדֵּג	מְסֻדָּר	עֲנִיבָה
2993 ticket	2994 to tickle	2995 tidy	2996 tie

נָמֵר	הִידֵּק (לְהַדֵּק)	מַרְצֶפֶת	לִקְשֹׁר
2998 tiger	2999 to tighten	3000 tiles	2997 to tie

הַטָּיָה (לְהַטּוֹת)

3001 to **tilt**

זְמַן

3002 What **time** is it?

זָעִיר

3003 **tiny**

לְהִתְהַפֵּךְ

3004 to **tip**

קְצוֹת הָאֶצְבָּעוֹת

3006 **tiptoe**

צְמִיג

3007 **tire/tyre***

עָיֵף

3008 **tired**

לָתֵת דְּמֵי שְׁתִיָּה

3005 to **tip**

קַרְפָּדָה

3009 **toad**

פַּת קְלוּיָה

3010 **toast**

מַצְנֵם

3011 **toaster**

הַיּוֹם

הַיּוֹם יוֹם הָאֵם.

Today is Mother's Day.

3012 **today**

בֹּהֶן

3013 **toes**

בְּיַחַד

3014 We are sitting **together.**

בֵּית שִׁמּוּשׁ

3015 **toilet**

עַגְבָנִיָּה

3016 **tomato**

קֶבֶר

3017 **tomb**

מָחָר

מָחָר יַתְחִיל יוֹם חָדָשׁ.

Tomorrow is a new day.

3018 **tomorrow**

מֶלְקָחַיִם

3019 **tongs**

לָשׁוֹן

3020 **tongue**

טוֹן	שָׁקֵד (בָּלוֹעַ)	מַכְשִׁירִים	שֵׁן
3021 It weighs a **ton.**	3022 **tonsils**	3023 **tools**	3024 **tooth**

כְּאֵב שִׁנַּיִם	מִבְרֶשֶׁת שִׁנַּיִם	מִשְׁחַת שִׁנַּיִם	עֶלְיוֹן, קָדְקֹד
3025 **toothache**	3026 **toothbrush**	3027 **toothpaste**	3028 **top**

מָט לִיפּוֹל	לַפִּיד	טוֹרְנָדוֹ	סְבִיבוֹן
3030 to **topple**	3031 **torch**	3032 **tornado**	3029 **top**

גֶּשֶׁם שׁוֹטֵף	צָב	לִזְרֹק	נְגִיעָה (לִנְגֹּעַ)
3033 **torrent**	3034 **tortoise**	3035 to **toss**	3036 to **touch**

נוֹקְשֶׁה	גְּרִירָה (לִגְרֹר)	מַגֶּבֶת	מִגְדָּל
3037 I am **tough.**	3038 to **tow**	3039 **towel**	3040 **tower**

עִיר	צַעֲצוּעִים	סִרְטוּט (לְשַׂרְטֵט)	מְסִילַת רַכֶּבֶת
3041 town	3042 toys	3043 to trace	3044 track

טְרַקְטוֹר	חֲלִיפִין (לְהִתְחַלֵּף)	תְּנוּעָה	רַמְזוֹר
3045 tractor	3046 to trade	3047 traffic	3048 traffic light

עִיקְבוֹת	רֶכֶב נִגְרָר	רַכֶּבֶת	מְאַמֶּנֶת (לְאַמֵּן)
3049 trail	3050 trailer	3051 train	3052 to train

נָע וָנָד	לִרְמֹס	טְרַמְפּוֹלִינָה	שָׁקוּף
3053 tramp	3054 to trample	3055 trampoline	3056 transparent

הוֹבָלָה (לְהוֹבִיל)	כְּלִי תּוֹבָלָה	מַלְכּוֹדֶת	טְרַפֶּז
3057 to transport	3058 transporter/lorry*	3059 trap	3060 trapeze

נְסִיעָה (לִנְסֹעַ)

3061 to travel

מַגָּשׁ

3062 tray

חַשֵּׁק (צָמִיג)

3063 tread

אוֹצָר

3064 treasure

עֵץ

3065 tree

רְעָדָה (לִרְעֹד)

3066 to tremble

חֲפִירָה

3067 trench

מִשְׁפָּט

3068 trial

מְשׁוּלָּשׁ

3069 triangle

לַהֲטוּט

3070 trick

לְטַפְטֵף

3071 to trickle

תְּלַת אוֹפַן

3072 tricycle

הֶדֶק

3073 trigger

לִגְזֹם

3074 to trim

טִיּוּל

3075 a short **trip**

לִמְעֹד

3076 to **trip**

חַשְׁמַלִּית

3077 trolley bus

דְּהִירָה קַלָּה, (לִדְהֹר)

3078 to trot

שׁוֹקֶת

3079 trough

מִכְנָסַיִם

3080 trousers

טְרוּטָה	כַּף גַּנָּנִים	מַשָּׂאִית	אֲמִתִּי
			דָן הוּא יָדִיד אֲמִתִּי.
			Dan is a true friend.
3081 trout	3082 trowel	3083 truck/lorry*	3084 true

חֲצוֹצְרָה	מִזְוָודָה	גֶּזַע	חֵדֶק
3085 trumpet	3086 trunk	3087 trunk	3088 trunk

לִסְמֹךְ עַל	אֱמֶת	נִסָּה	אַמְבָּט
		נַסֵּה לְהִזָּכֵר הֵיכָן שָׁכַחְתָּ	
		אֶת הַמִּטְרִיָּיה.	
		Try to remember where you left the umbrella.	
3089 to trust	3090 truth	3091 to try	3092 tub

צִינוֹר	יוֹם שְׁלִישִׁי	לִמְשֹׁךְ בְּחוֹזְקָה	צִבְעוֹנִי
	בְּיוֹם שְׁלִישִׁי יֵשׁ מִבְחָן		
	בְּחֶשְׁבּוֹן.		
	On Tuesday there is a math quiz.		
3093 tube	3094 Tuesday	3095 to tug	3096 tulip

לְהִתְהַפֵּךְ	מִנְהָרָה	תַּרְנְגוֹל הוֹדוּ	לְסוֹבֵב
3097 to tumble	3098 tunnel	3099 turkey	3100 to turn

כִּבָּה (לְכַבּוֹת)	לְהַדְלִיק	הִסְתַּיֵּים	הָפְכָה (לַהֲפֹךְ)
		הַפְּרוֹיֶיקְט הִסְתַּיֵּים בְּהַצְלָחָה. *The project turned out well.*	
3101 to turn off	3102 to turn on	3103 to turn out	3104 to turn over
לֶפֶת	פַּטִיפוֹן	טוּרְקִיז	צְרִיחַ
3105 turnip	3106 turntable	3107 turquoise	3108 turret
צָב	שֶׁנְהָב	מֶלְקֵט	פַּעֲמַיִים
			אַתָּה חַי רַק פַּעֲמַיִים. *You only live twice.*
3109 turtle	3110 tusk	3111 tweezers	3112 twice
זְמוֹרָה	תְּאוֹמִים	נִצְנוּץ (לְנַצְנֵץ)	לְהִסְתּוֹבֵב בִּמְהִירוּת
3113 twig	3114 twins	3115 Stars twinkle.	3116 to twirl
פִּיתּוּל (לְפַתֵּל)	שְׁנַיִים	לְתַקְתֵּק, לְהַדְפִּיס	מְכוֹנַת כְּתִיבָה
3117 to twist	3118 two	3119 to type	3120 typewriter

U

3121 ugly — מְכוֹעָר

3122 umbrella — מִטְרִייָה

3123 uncle — דוֹד
דוֹד הוּא הָאָח שֶׁל אִמָּא אוֹ אַבָּא.
My uncle is my mother's or my father's brother.

3124 under — מִתַּחַת
טַל מִתְחַבֵּא מִתַּחַת לַמִּיטָה.
Tal is hiding under the bed.

3125 to understand — לְהָבִין

3126 underwear — תַּחְתּוֹנִים

3127 to undress — לְהִתְפַּשֵּׁט

3128 unhappy — אוּמְלָל

3129 unicorn — חַד קֶרֶן

3130 uniform — מַדִּים

3131 university — אוּנִיבֶרְסִיטָה

3132 to unload — פְּרִיקָה (לִפְרֹק)

3133 to unlock — לִפְתֹּחַ בַּמַּנְעוּל

3134 to unwrap — גּוֹלֵל (לְגַלֵּל)

3135 upright — זָקוּף

3136 upside-down — מְהוּפָּךְ

3137 to use — שִׁימוּשׁ (לְהִשְׁתַּמֵּשׁ בְּ)

3138 to use up — מְשׁוּמָּשׁ

3139 useful — מוֹעִיל

	חוּפְשָׁה	הֶבֶל	לְצַחְצֵחַ
	3140 vacation/holiday*	3141 vapor/vapour*	3142 to varnish

אֲגַרְטֵל	בְּשַׂר עֵגֶל	יְרָקוֹת	רֶכֶב
3143 vase	3144 veal	3145 vegetable	3146 vehicle

רְעָלָה	וְרִיד	אֶרֶס	אֲנָכִי
		לֹא כָּל נָחָשׁ הוּא נָחָשׁ אַרְסִי.	
		Not all snakes have venom.	
3147 veil	3148 vein	3149 venom	3150 vertical

מְאֹד	מִקְטוֹרֶן, חֲזִיָּה	וֶטֶרִינָרִית	קוֹרְבָּן
אוֹר חוֹשֵׁב שֶׁאֲחוֹתוֹ מְאֹד יָפָה.			
Orr thinks that his sister is very pretty.			
3151 very	3152 vest/waistcoat*	3153 veterinarian/veterinary surgeon*	3154 victim

מַקְלֵט וִידֵאוֹ	סֶרֶט וִידֵאוֹ	נְקוּדוֹת מַבָּט	כְּפָר
		לְשַׁנֵּינוּ נְקוּ־דוֹת מַבָּט שׁוֹנוֹת.	
		Our points of view are different.	
3155 video recorder	3156 video tape	3157 view	3158 village

נָבָל

3159 villain

גֶּפֶן

3160 vine

חוֹמֶץ

3161 vinegar

סִגָלִית

3162 violet

כִּינוֹר

3163 violin

אֲשְׁרָה

3164 visa

נִרְאִים

הַשִּׁינּוּיִים בַּדִּירָה **נִרְאִים** לָעַיִן.

The apartment renovations are visible.

3165 visible

בִּיקֵּר (לְבַקֵּר)

3166 to visit

מִצְחָה

3167 visor

אוֹצַר מִילִּים

בְּמִילּוֹן זֶה **אוֹצַר מִילִּים** רָחָב.

This dictionary's vocabulary is extensive.

3168 vocabulary

קוֹל

3169 voice

הַר גַּעַשׁ

3170 volcano

כַּדּוּר עָף

3171 volleyball

מִתְנַדֵּב

3172 volunteer

הֲקָאָה (לְהָקִיא)

3173 to vomit

לְהַצְבִּיעַ

3174 to vote

בּוֹחֵר

3175 voter

תְּנוּעוֹת

לֹא בְּכָל שָׂפָה קַיָּימוֹת **תְּנוּעוֹת** דִּיקְדּוּקִיּוֹת.

Not every language contains vowels.

3176 vowel

מַסָּע (בָּאוֹנִיָּה)

3177 voyage

עַיִט

3178 vulture

הָלַךְ בָּרֶגֶל בַּמַּיִם
3179 to wade

וָפֶל
3180 waffle

קְרוֹן מִטְעָן
3181 wagon/cart*

בְּכִיָּה (לִבְכּוֹת)
3182 to wail

מוֹתְנַיִים
3183 waist

חִיכִּתָּה (לְחַכּוֹת)
3184 to wait

הֵעִירָה (לְהָעִיר)
3185 to wake

הָלְכָה (לָלֶכֶת)
3186 to walk

קִיר
3187 wall

אַרְנָק
3188 wallet

אֱגוֹז
3189 walnut

סוּס יָם
3190 walrus

שַׁרְבִיט
3191 wand

שׁוֹטֵט (לְשׁוֹטֵט)
3192 to wander

רוֹצֶה

גִּיל **רוֹצֶה** עוֹד שׁוֹקוֹלָד.

Gil wants more chocolate.

3193 to want

מִלְחָמָה
3194 war

מֶלְתָּחָה
3195 wardrobe

מַחְסָן
3196 warehouse

חַמִּים
3197 warm

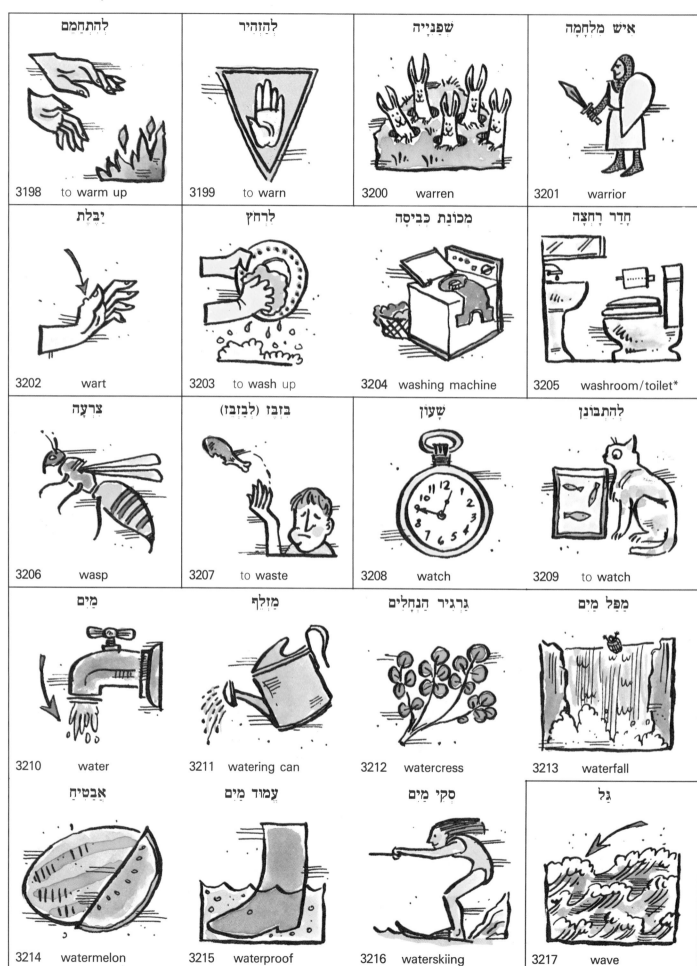

לְהִתְחַמֵּם	לְהַזְהִיר	שְׁפַנִיָּיה	אִישׁ מִלְחָמָה
3198 to **warm up**	3199 to **warn**	3200 **warren**	3201 **warrior**

יַבֶּלֶת	לִרְחֹץ	מְכוֹנַת כְּבִיסָה	חֲדַר רַחְצָה
3202 **wart**	3203 to **wash up**	3204 **washing machine**	3205 **washroom/toilet***

צִרְעָה	בִּזְבֵּז (לְבַזְבֵּז)	שָׁעוֹן	לְהִתְבּוֹנֵן
3206 **wasp**	3207 to **waste**	3208 **watch**	3209 to **watch**

מַיִם	מַזְלֵף	גַּרְגִּיר הַנְּחָלִים	מַפַּל מַיִם
3210 **water**	3211 **watering can**	3212 **watercress**	3213 **waterfall**

אֲבַטִּיחַ	עַמּוּד מַיִם	סְקִי מַיִם	גַּל
3214 **watermelon**	3215 **waterproof**	3216 **waterskiing**	3217 **wave**

לְנוֹפֵף	גַּלִּי
3218 to wave	3219 wavy

שַׁעֲוָוה	חַלָּשׁ
3220 wax	3221 weak

כְּלִי נֶשֶׁק	לִלְבֹּשׁ
3222 weapon	3223 to wear

סָמוּר	מֶזֶג אֲוִויר
3224 weasel	3225 weather

אֲרִיגָה (לֶאֱרֹג)	בַּעַל רַגְלֵי שְׂחִייָה
3226 to weave	3227 web foot

חֲתוּנָה	יָתֵד
3228 wedding	3229 wedge

יוֹם רְבִיעִי

בְּיוֹם רְבִיעִי הַמּוֹרָה

הָיְתָה חוֹלָה.

*The teacher was sick on
Wednesday.*

3230   Wednesday

עֵשֶׂב רַע	שָׁבוּעַ
3231 weed	3232 week

סוֹף הַשָּׁבוּעַ

הַחַזַּאי אָמַר:

בְּסוֹף הַשָּׁבוּעַ יֵרֵד גֶּשֶׁם.

*The weatherman said it
will rain on the weekend.*

3233   weekend

בָּכָה (לִבְכּוֹת)	לִשְׁקֹל
3234 to weep	3235 to weigh

מוּזָר	לְקַדֵּם בִּבְרָכָה
3236 weird	3237 to welcome

בְּאֵר
3238 well

בָּרִיא, טוֹב
3239 I feel well.

מַעֲרָב
3240 west

רָטוֹב
3241 wet

לִוְויָתָן
3243 whale

מַעֲגָן
3244 wharf

מַה
שָׁמַעְתָּ מַה אָמַרְתִּי לְךָ?
Did you hear what I said?
3245 what

לְהַרְטִיב
3242 to wet

חִיטָה
3246 wheat

גַּלְגַּל
3247 wheel

מְרִיצָה
3248 wheelbarrow

כִּסֵּא גַּלְגַּלִּים
3249 wheelchair

מָתַי
מָתַי חָל יוֹם הוּלַדְתְּךָ?
When is your birthday?
3250 when

אֵיפֹה
אֵיפֹה אַתָּה גָּר?
Where do you live?
3251 where

אֵיזֶה
3252 which one

לְיַבֵּב
3253 to whine

שׁוֹט
3254 whip

סִיס לַיְלָה אַמְרִיקָנִי
3255 whippoorwill

מַטְרֵף לְבֵיצִים
3256 whisk

שְׂפַם הֶחָתוּל
3257 whisker

לְחִישָׁה (לִלְחֹשׁ)	צִפְצֶפָה	לִשְׁרֹק	לָבָן
3258 to whisper	3259 whistle	3260 to whistle	3261 white

מִי	לָמָה לָמָה הַזֶּבְרָה לוֹבֶשֶׁת פִּיגָ'מָה? _Why is the zebra wearing pyjamas?_	פְּתִילָה	רָשָׁע
3262 **Who** is going?	3263 why	3264 wick	3265 wicked

רְחָבָה	אִישָׁה	פְּרָאִי	עֲרָבָה
3266 wide	3267 wife	3268 The lion is a **wild** animal.	3269 willow

לִקְמֹל	עַרְמוּמִי	נִיצָּחוֹן (לְנַצֵּחַ)	עִיוּוּת פָּנִים (לְהִתְעַוֵּות)
3270 to wilt	3271 wily	3272 to win	3273 to wince

רוּחַ	סִיבֵּב (לְסַבֵּב)	מְעִיל רוּחַ	טַחֲנַת רוּחַ
3274 wind	3275 to wind	3276 windbreaker	3277 windmill

חַלּוֹן	שִׁמְשַׁת מָגֵן	יַיִן	כָּנָף
3278 window	3279 windshield/windscreen*	3280 wine	3281 wing

קְרִיצָה (לִקְרֹץ)	חוֹרֶף	נִיגוּב (לְנַגֵּב)	תַּיִל
3282 to wink	3283 winter	3284 to wipe	3285 wire

נָבוֹן סַבָּא הָיָה אִישׁ חָכָם וְנָבוֹן. *Grandpa was a wise and intelligent man.*	מִשְׁאָלָה	מְכַשֵּׁפָה	קוֹסֵם
3286 wise	3287 to make a wish	3288 witch	3289 wizard

זְאֵב	אִישָׁה	לְהִתְפַּלֵּא	נִפְלָא
3290 wolf	3291 woman	3292 to wonder	3293 wonderful

עֵץ	נַקָּר	יַעַר	עֲבוֹדוֹת עֵץ
3294 wood	3295 woodpecker	3296 woods	3297 woodwork

צֶמֶר

3298 wool

מִילָה

3299 word

מְלָאכָה

3300 work

עֲבוֹדָה (לַעֲבֹד)

3301 to work

בֵּית מְלָאכָה

3303 workshop

עוֹלָם

3304 world

תּוֹלַעַת

3305 worm

לְהִתְעַמֵּל

3302 to work out

דְּאָגָה (לִדְאֹג)

3306 to worry

פְּצִיעָה

3307 wound

לַעֲטֹף

3308 to wrap

זֵר

3309 wreath

אֳנִיָּה טְרוּפָה

3310 wreck

גִּדְרוֹן

3311 wren

נֶאֱבַק (לְהֵאָבֵק)

3312 to wrestle

סָחֲטָה (לִסְחוֹט)

3313 to wring

פֶּרֶק כַּף הַיָּד

3314 wrist

שְׁעוֹן יָד

3315 wristwatch

לִכְתֹּב

3316 to write

שְׁגוּיָה

הַמִּכְתָּב נִשְׁלַח לִכְתוֹבֶת שְׁגוּיָה.

The letter was sent to the wrong address.

3317 wrong

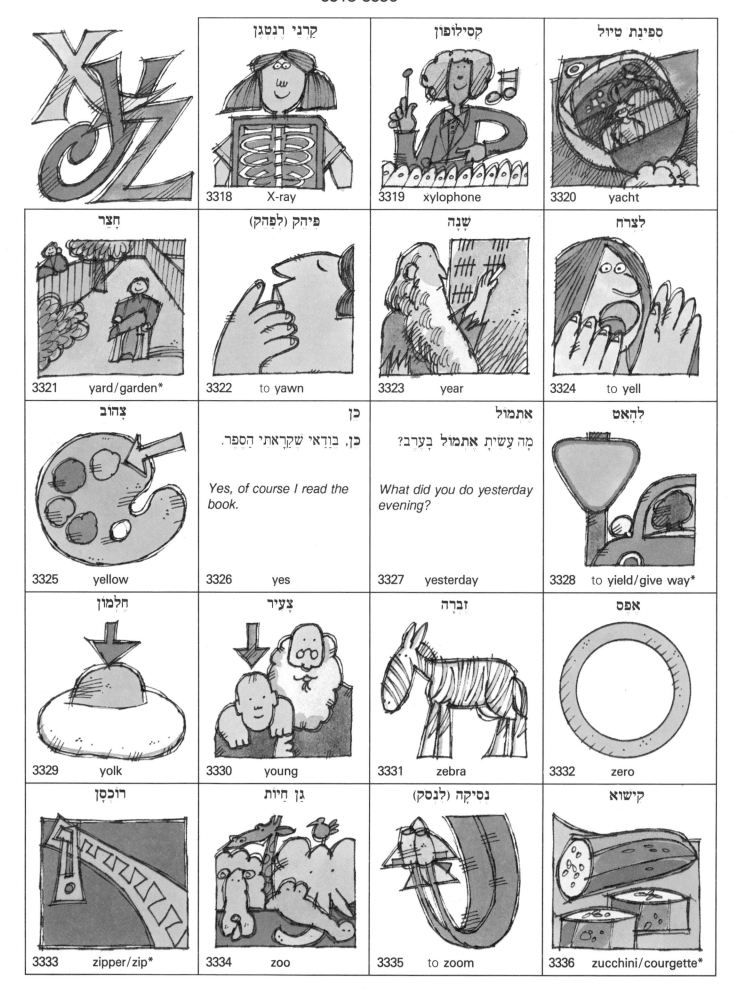

קַרְנֵי רֶנְטְגֶן

3318 X-ray

קְסִילוֹפוֹן

3319 xylophone

סְפִינַת טִיוּל

3320 yacht

חָצֵר

3321 yard/garden*

פִּיהֵק (לְפַהֵק)

3322 to yawn

שָׁנָה

3323 year

לִצְרֹחַ

3324 to yell

צָהוֹב

3325 yellow

כֵּן

כֵּן, בְּוַדַּאי שֶׁקָּרָאתִי הַסֵּפֶר.

Yes, of course I read the book.

3326 yes

אֶתְמוֹל

מָה עָשִׂיתָ אֶתְמוֹל בָּעֶרֶב?

What did you do yesterday evening?

3327 yesterday

לְהָאֵט

3328 to yield/give way*

חֶלְמוֹן

3329 yolk

צָעִיר

3330 young

זֶבְּרָה

3331 zebra

אֶפֶס

3332 zero

רוֹכְסָן

3333 zipper/zip*

גַּן חַיּוֹת

3334 zoo

נְסִיקָה (לִנְסֹק)

3335 to zoom

קִישׁוּא

3336 zucchini/courgette*

1691	תְּמִיסָה	208	תּוֹפֵף	3235	שָׁקַל	664	שְׁמֶנֶת
2261	תָּמָךְ	2252	תּוֹצֶרֶת	2073	שְׁקַנַּאי	514	שַׁמְפַּנְזָה
1935	תַּמְנוּן	1745	תּוֹרֶן	2718	שָׁקַע	2868	שֶׁמֶשׁ
1621	תֵּן לִי	2844	תּוּת שָׂדֶה	1627	שַׁקְרָן	3279	שִׁמְשַׁת מָגֵן
810	תְּנוּמָה	425	תּוֹתָח	2646	שָׁר	3024, 2258	שֵׁן
3047, 1850	תְּנוּעָה	1961, 162	תַּזְמֹרֶת	3191	שַׁרְבִּיט	954	שֵׁן אֶרֶס
3176	תְּנוּעוֹת	1343	תַּחְבִּיב	2167	שַׁרְבְרָב	728	שֵׁן-הָאֲרִי
2836, 1974	תַּנּוּר	163	תַּחְבֹּשֶׁת	2682	שַׁרְווּל	3323	שָׁנָה
672	תַּנִּין	184	תַּחֲנָה	695	שַׁרְווּלִית	3110	שַׁנְהָב
48	תַּנִּין אֲמֵרִיקָאִי	390	תַּחֲנַת אוֹטוֹבּוּס	2610	שְׂרוֹךְ נַעַל	2711	שְׁנוֹרְקֶל
479	תְּעוּדָה	2800, 1113	תַּחֲנַת דֶּלֶק	2675	שָׂרַט בְּחֶרֶב	2554	שֵׁנִי
419	תְּעָלָה	2801	תַּחֲנַת רַכֶּבֶת	494	שִׂרְטוּט	315	שְׁנֵיהֶם
1814	תְּעָלַת מָגֵן	783	תַּחְפֹּשֶׂת	97	שִׁרְיוֹן	3118	שִׁנַּיִם
792	תְּעָלַת נִיקּוּז	1552	תַּחֲרָה	1859	שְׁרִיר	1387	שָׁעֲוָה
1958	תַּפּוּז	1747	תַּחֲרוּת	977	שָׂרַךְ	3208, 547	שָׁעוֹן
84	תַּפּוּחַ	1971	תַּחַת כִּפַּת הַשָּׁמַיִם	2827	שְׂרַפְרַף	3220	שָׁעוֹן
2213	תַּפּוּחַ אֲדָמָה	3126	תַּחְתּוֹנִים	3260	שָׁרַק	1388	שְׁעוֹן חוֹל
435	תְּפִיסָה	2966	תֵּיאַטְרוֹן	480	שַׁרְשֶׁרֶת	3315	שְׁעוֹן יָד
459	תָּפַס	660, 325	תֵּיבָה	2569	שָׁרַת	42	שָׁעוֹן מְעוֹרֵר
2560	תָּפַס בְּחוֹזְקָה	3285	תַּיִל	2654	שֵׁשׁ	2870	שְׁעוֹן שֶׁמֶשׁ
2547	תָּפַר	169	תַּיִל דּוֹקְרָנִי	829	שָׁתָה	204	שְׁעוּעִית
2573	תָּפַר	140	תִּינוֹק	2641	שְׁתִיקָה	1199	שְׁעוּעִית יְרוּקָה
2346	תִּפְרַחַת	349, 147	תִּיק	2146	שָׁתַל	176	שְׂעוֹרָה
1772	תַּפְרִיט	1707	תִּיק אֹכֶל	274	שָׁתַת דָּם	1356	שִׁעוּרֵי בַּיִת
2373	תַּקְלִיט	2906	תִּיקוּל			2578, 1093	שַׂעַר
2164	תָּקַע	1010	תִּיקֵן			1161, 1114	שַׁעַר
467	תִּקְרָה	2399	תִּיקָנָה		**ת**	1085	שַׁעֲשׁוּעַ
3119	תִּקְתֵּק	629	תִּירָס	400, 470	תָּא	1571	שָׂפָה
2222	תַּרְגּוּל	1162	תַּיִשׁ	853	תָּא מַאֲסָר	1759	שָׁפָל
920	תַּרְגְּלָה	2141	תִּכְנֵן	371	תָּאוֹ	1847	שָׂפָם
2756	תֶּרֶד	1488	תַּכְשִׁיט	3114	תְּאוֹמִים	3257	שָׂפָם הֶחָתוּל
1765	תְּרוּפָה	1972	תִּלְבֹּשֶׁת	7	תְּאוֹנָה	3200	שְׁפַנְיָּה
2632	תְּרִיסִים	634	תִּלְבֹּשֶׁת מְפֹאֶרֶת	1197	תָּאֲתַן	1033	שֶׁפַעַת
811	תְּרִיסָר	1261	תָּלָה	733	תַּאֲרִיךְ	814	שְׁפִירִית
2901	תִּרְכִּיז	2808	תָּלוּל	217	תְּאַשּׁוּר	2535	שְׁפַשֵּׁף
2174	תַּרְמִיל	1259	תְּלִיָּה	1842, 1056	תַּבְנִית	1660	שַׁפְתּוֹן
3099	תַּרְנְגוֹל הוֹדוּ	2948, 2163	תְּלִישָׁה	146	תָּג	1659	שְׂפָתַיִם
1312, 508	תַּרְנְגֹלֶת	2481	תֶּלֶם	2308	תִּגְרָה	2483	שַׂק
2770	תַּרְסִיס	2856	תַּלְמִיד	2941	תֵּה	2679	שַׂק שֵׁינָה
758	תַּרְשִׁים	3072	תְּלַת אוֹפַן	1550	תָּוִית	3022, 49	שָׁקֵד
70	תְּשׁוּבָה	700	תַּלְתְּלָה	2028	תּוֹכִי	3056	שָׁקוּף
1915	תְּשִׁיעִי	554	תַּלְתָּן	2254	תּוֹכְנִית	2316	שָׁקְטָה
1052	תִּשְׁכַּח	2100	תְּמוּנָה	3305	תּוֹלַעַת	2873	שְׁקִיעַת הַשֶּׁמֶשׁ
1914	תֵּשַׁע	59	תָּמִיד	841	תּוֹף	2215	שָׁקִיק

Column 1 (ר)

רֶכֶב לְסִילוּק אֲבָנִים	852

שׁ

רֶכֶב נִגְרָר	3050
רַכֶּבֶת	3051
רֶכֶס	2420
רָמָה	2152
רֶמֶז	557
רַמְזוֹר	3048
רֶמֶס	3054
רַמְקוֹל	378, 1693
רֶסֶן	348
רַע	145
רָעֵב מְאוֹד	2352
רְעָבָה	1401
רַעַד	2607
רְעָדָה	3066
רְעִידַת אֲדָמָה	864
רַעְיוֹן	1418
רָעִיל	2181
רָעָל	2180
רָעָלָה	3147
רַעַם	2474, 2989
רַעְמָה	1726
רַעַף	2601
רַעַשׁ	1920, 2328
רַעְשָׁן	2349
רִפְרֶפֶת	1484, 2273
רֶפֶשׁ	775
רָץ	2475
רָץ מֶרְחָק קָצָר	2776
רְצוּעָה	161, 1603
רְצוּעָה	2842
רֶצַח	1858
רָצִיף	797, 2153
רַק	1510
רַקְדָּנִית	156, 727
רָקוּב	2459, 2763
רִקְמָה	891
רַקֶּפֶת	2240
רְשִׁימָה	1662
רַשְׁלָן	2691
רַשְׁלָנִי	441
רַשְׁמְקוֹל	2932
רֶשַׁע	3265
רְתָמָה	1272

Column 2 (שׂ / שׁ)

שָׂאַב	2282
שָׁאַג	2438
שְׁאֵלָה	2313
שְׁאֵרֵי בָּשָׂר	2392
שָׁבַב	2762, 517
שָׁבוּעַ	3232
שֶׁבַח	2224
שְׁבִיל	2046
שְׁבִיעִי	2571
שָׁבִיר	1065, 353
שְׁבִיתָה	2851
שַׁבְלוּל	2706
שֶׁבַע	2570
שְׁגוּיָיה	3317
שָׂדֶה	982
שִׁדְרִית	1513
שְׁהִיַּת בֵּינַיִים	2831
שׁוּב	28
שׁוֹדֵד	2440
שׁוֹדֵד יָם	2129
שָׁוֶוה	904
שָׁוֶוה	911
שׁוֹחַח	781, 496
שׁוֹט	3254
שׁוֹטָה	1420
שׁוֹטֵט	3192
שׁוֹטֵר	2185
שׁוֹטֶרֶת	2186, 615
שׁוּלְחָן	2902
שׁוּלְחַן כְּתִיבָה	751
שׁוּם	1107
שׁוּם הַכְּרֵשׁ	1608
שׁוּמָן חֲזִיר	1575
שׁוֹמֵעַת	1293
שׁוֹנִים	765
שׁוֹנִית	2379
שׁוֹעָל	1063
שׁוֹעֵר	2205
שׁוֹפֵט	2382, 1496
שׁוֹפָר	1374
שׁוּק	198

Column 3 (שׁ / שׂ)

שׁוּק	2599
שׁוֹקוֹלָד	520
שׁוֹקֶת	3079
שׁוֹר	1983
שׁוֹר צָעִיר	2809
שׁוֹרָה	2462
שׁוֹרֶשׁ	2454
שׁוֹשַׁנָּה	2456
שָׁזִיף	2166
שָׁזִיף מְיוּבָּשׁ	2270
שָׂחָה	2893
שָׁחוֹר	259
שַׁחַם	1183
שַׁחַף	2545, 1230
שַׁחְרֵר	2394
שַׁחַת	1283
שָׁטוּחַ	1019
שָׁטִיחַ	446
שְׁטִיפָה	2428
שַׁטְפוֹן	1028
שְׁטָר	247
שִׁיהֵק	1324
שִׁיוּוי מִשְׁקָל	152
שִׁיזוּף	2924
שִׂיחַ	2630, 391
שִׂיחָה	618
שִׂיחֵק	2154
שִׁיטָה	1783
שַׁיָּךְ	231
שִׁירָה	437
שִׁילּוּחַ טִיל	1586
שִׁילֵּם	2053
שִׂים לֵב לְ	123
שִׁימּוּרִים	
שִׁימּוּשׁ	3137
שִׁינָה	2678
שִׁינָן	728
שִׁיעוּר	1620
שִׂיעֵר	1237
שִׁיפּוֹן	2482
שִׁיפּוּעַ	2673
שִׁיקֵּר	1632
שִׁיר	2726, 2175
שִׁיר הַלֵּל	1411

Column 4 (שׁ / שׂ)

שִׁיר עֶרֶשׂ	1703
שִׁירְבֵּב	2220
שַׁיִשׁ	1731
שִׁישִׁי	2655
שִׁכְבָה	1633
שִׁכְבָה	1595
שְׁכֶמְיָה	432
שְׁכֵנִים	1893
שִׁכַּרְנוּ	2398
שַׁלְהֶבֶת חוֹרֶגֶת	2602
שֶׁלֶג	2712
שֶׁלֶד	2659
שֶׁלֶד גַּמְדִי	1531
שַׁלְהֶבֶת	1013
שְׁלוּלִית	2274
שָׁלוֹם	2055, 1168, 956
שָׁלוֹשׁ	2982
שָׁלַח	2564
שָׁלַח בַּדּוֹאַר	2208, 1717
שֶׁלֶט	2638
שִׁלְיוּ	2305
שָׁלִיחַ	1778
שְׁלִיחוּת	906
שַׁלִּיט	2473
שְׁלִישִׁי	2976
שַׁלֶּכֶת	945
שָׁם	1873
שָׁם	2967
שָׁם בַּמָּקוֹם	2298
שֵׁם הַחִיבָּה	1909
שֵׁם מִשְׁפָּחָה	2879
שְׂמֹאלָה	1609
שְׂמָאלִי	1610
שְׁמוֹנָה	878
שָׂמֵחַ	1775
שָׁמַיִם	2669
שְׂמִיכָה	268
שְׂמִיכַת נוֹצוֹת	2319
שְׁמִינִי	879
שִׂמְלָה	821
שִׂמְלַת אֲפוּדָה	1504
שִׂמְלַת גֶּבֶר	1527
שֶׁמֶן	1942
שָׁמֵן	961

קוֹרְבָּן 3154
קוּרֵי עַכָּבִישׁ 567
קוֹרָנִית 2992
קוֹרַת עֵץ 1682
קִטְבִּי 93
קָטָלוֹג 458
קָטָן 2697
קַטְנוֹעַ 2530
קְטוֹרֶת 1430
קִיוָּה 1369
קִיוּוּי 1539
קִיוֹסְק 1532
קַיָּים 921
קִיכְלֵי הַשַּׁחְרוּר 261
קִיכְלֵי הַשַּׁחְרוּר 1525
קִילוֹמֶטֶר 1526
קִינּוּחַ סְעוּדָה 752
קִיסוֹס 1471
קֵיסָם 517
קַיִץ 2867
קִיצֵּץ 525
קִיר 3187
קִירְקָס 533
קִישּׁוּא 3336
קִישּׁוּט 743
קִישֵּׁט 742
קַל 867
קַלַחַת 463
קַל תְּנוּעָה 31
קָלֵדוֹסְקוֹפ 1511
קְלִיפַּת הָעֵץ 175
קֶלַע 2687
קְלָפִים 2156, 38
קִלְשׁוֹן 2134
קֶמַח 1030
קֶמֶט 665
קָמַל 3270
קַמְצָן 1806
קֵן 1899
קֶנְגוּרוּ 1512
קָנָה 398
קָנֶה 180
קְנֵה סוּף 2378
קַנְיוֹן 429
קְנָס 991
קַנְקַן 1018
קַנְקַן תֵּה 2945
קַנְרַס 104
קַסְדָּה 3167, 1307
קַסְדַּת פְּלָדָה 1466
קְסִילוֹפוֹן 3319
קֶסֶם 1711
קַעֲרִית 324
קָפֶה 571
קְפוֹץ לְבָקֵר 837
קַפִּיטָן 434
קְפִיץ 2772
קֶפֶל 1041
קְפָלִים 2160
קָפַץ עַל 1502
קָפַץ פְּנִימָה 1501
קַפְּצָן 1503
קַצָּב 394
קָצֶה 874
קְצֵה הַמַּדְרָכָה 698
קְצוֹת הָאֶצְבָּעוֹת 3006
קָצִין 1940
קֶצֶף 1583, 1039
קָצַר 1275
קְצָרָה 1852
קָקָאוֹ 568
קַר לִי 575
קָרָא 2358
קָרְאָה לְ 409
קָרוֹב 1881
קְרוּם 2424, 687
קְרוֹן מִטְעָן 3181
קֵרֵחַ 154
קֶרַח 1413
קַרְחוֹן 1415, 1148
קַרְטוֹן 439
קְרִיעָה 2947
קְרִיצָה 3282
קָרִיר 512
קֶרֶן 2355, 1376, 1086
קֶרֶן אוֹר 203
קֶרֶן הַצְּבִי 74
קֶרֶן צָרְפַתִית 1375
קַרְנֵי רֶנְטְגֶן 3318
קַרְנַף 2411
קֶרֶס 1366, 1007
קַרְסֹל 67
קַרְפָּדָה 3009
קַרְקַע 1216
קַרְקָעִית 318
קַרְקֶפֶת 2668, 2517
קֶרֶשׁ 2144
קֶרֶשׁ עֵץ 296
קַשׁ 2843
קָשֶׁה 1268
קְשֵׁה עוֹרֶף 2818
קֶשֶׁר 1546
קָשַׁר 2997, 250
קָשַׁר בִּשְׂרוֹךְ 1553
קֶשֶׁת 322, 91
קֶשֶׁת בְּעָנָן 2338
קֹתֶל חֲזִיר 144

ר

רָאָה 2556
רְאָיָה 2260
רֵאָיוֹן 1454
רֹאשׁ 1287
רֹאשׁ עִיר 1754
רִאשׁוֹן 1004
רִאשׁוֹנִי 2239
רָאשִׁי 510
רָאשֵׁי תֵּיבוֹת 1440
רֹאשָׁן 2907
רַב הוֹד 1714
רַב חוֹבֵל 434, 2666
רַבִּים 2169
רֶבַע 2310
רְגוּעָה 412
רָגִישׁ 2565
רֶגֶל 1044
רֶגֶל 2052, 1611
רַגְלַיִים אֲחוֹרִיּוֹת 1335
רֶגַע 1822
רָדוּד 2580
רַדְיוֹ 2330
רַדְיוּס 2332
רָדַף 2295
רָדַף אַחֲרֵי 495
רָהִיטִים 1092
רוּחַ 3274
רוּחַ הַמֵּת 1134
רוֹטֶב 2506
רוֹכְסָן 3333, 1037
רוֹמַח 2746, 1565
רוֹעֶה 2597
רוֹעָה 1194
רוֹפֵא 798
רוֹפֵא שִׁנַּיִים 748
רוֹצֶה 3193
רוֹקַחַת 2096
רָזֶה 2973, 2684
רְחָבָה 3266
רְחוֹב 2847
רָחוֹק 955
רַחֲמִים 1773
רַחֶפֶת 1390
רָחַץ 3203
רָחַץ וְשִׁפְשֵׁף 2541
רָטוֹב 3241
רָטַט 2322
רְטִיבוּת 725
רָטַן 1220
רֵיאָה 1708
רִיבָּה 1477
רִיבּוּעַ 2778
רִיבָּס 2412
רֵיחַ 1937
רִיחֵם 2136
רֵיחָן 187
רִימָּה 498
רִימּוֹן 2190
רִיס הָעַיִן 935
רִיצָה קַלָּה 1492
רִיצְפָּה 1029
רֵיק 893, 67
רִיקּוּד 726
רַךְ 2720
רָכַב 2419
רֶכֶב 3146

985	פְּצָרָה		
2196	פְּקָק		
627	פְּקָק		
375	פַּר		
3268	פְּרָאִי		
2198	פְּרָג		
508	פְּרָגִית		
1855	פְּרָד		
650	פָּרָה		
1090	פַּרְוָה		
1242	פְּרוֹזְדוֹר		
2256	פְּרוֹיֶיקְט		
1012	פְּרוּר שֶׁלֶג		
1032	פֶּרַח		
379	פִּרְחָח		
2249	פְּרָטִית		
2276	פְּרָטְרִקוּלָה		
285	פְּרִיחָה		
3132	פְּרִיקָה		
2250	פְּרָס		
1365	פַּרְסָה		
1380	פַּרְסַת סוּס		
1022	פַּרְעוֹשׁ		
2429	פְּרָעוֹת		
396	פַּרְפַּר		
339	פֶּרֶץ פְּנִימָה		
488	פֶּרֶק		
1548	פֶּרֶק אֶצְבַּע		
3314	פֶּרֶק כַּף הַיָּד		
1491	פָּרָשׁ		
1453	פָּרָשַׁת דְּרָכִים		
1557	פָּרָשַׁת מֹשֶׁה רַבֵּנוּ		
2139, 2645	פָּשׁוּט		
2109	פַּשְׁטִידָה		
2334	פְּשִׁיטָה		
372	פִּשְׁפֵּשׁ		
3010	פַּת קְלוּיָה		
1952	פָּתוּחַ		
1953	פֶּתַח		
3133	פֶּתַח בְּמַנְעוּל		
148	פִּתָּיוֹן		
3264	פְּתִילָה		
2713	פְּתִית שֶׁלֶג		
2304	פֶּתֶן		

2723	פִּתְרָה

צ

3034, 3109	צַב
745	צְבִי
1833	צְבִי אֲמֶרִיקָנִי
2124	צְבִיטָה
1998	צְבִיעָה
2000	צֶבַע
581, 1996	צֶבַע
1997	צֶבַע טְרִי
3096	צִבְעוֹנִי
663	צִבְעֵי עִפָּרוֹן
403	צַבָּר
1341	צַבָּרָה
2635	צַד
1402	צַד
535, 1864	צְדָפָה
1985, 2516	צְדָפָה
3325	צָהֹב
1892	צַהֲלָה
1788	צָהֳרֵי הַיּוֹם
1921	צָהֳרַיִי
1884	צַוָּאר
576	צַוָּארוֹן
2620	צַוֵּח
2627	צְוָוחָה
668	צַוֵּות
2860	צוֹלֶלֶת
1142	צוֹעֲנִי
1886	צוּף
2533	צוּפָה
116	צוֹפֶה בַּכּוֹכָבִים
543	צוּק
1888	צוּרֶךְ
3142	צַחְצַח
1584	צָחַק
592	צִיּוּתָה
1738	צִיּוֹן
2001, 2108	צִיּוּר
816	צַיָּיר
2341	צָמוּק
3093	צִינוֹר

1417	צִיפּוּי סוּכָּר
252	צִיפּוֹר
443, 1869	צִיפּוֹרֶן
2120	צִיפִּית
105	צִיר
139, 1334	צִיר
613	צִירוּף
1493	צִירְפָּה
2577	צֵל
678	צָלָב
1203	צָלָה
875	צְלוֹפָח
2151	צַלַּחַת
2439	צְלִי בָּקָר
1651	צְלִיעָה
793	צָלַל
2414	צֶלַע
2059	צִלְצוּל
2426	צִלְצֵל
2518	צַלֶּקֶת
2977	צָמֵא
2145	צְמָחִים
3007	צָמִיג
329	צָמִיד
3298	צֶמֶר
1024	צֶמֶר גִּיזָה
2331	צָנוֹן
1480	צִנְצֶנֶת
1733	צַעַד
2813	צַעֲדָה פְּנִימָה
2521	צָעִיף
3330	צָעִיר
3042	צַעֲצוּעִים
1026	צַף
1931	צָפָה
1922	צָפוֹן
1757	צִפּוֹר קַנִּים
2197	צַפְצָפָה
3259	צַפְצָפָה
1361	צַפָּר
1075	צְפַרְדֵּעַ
1875	צַר
1342	צָרוֹד
3324	צָרַח

3108	צְרִיחַ
1889	צְרִיכָה
2874	צָרְכָנִיָּה
1377, 3206	צְרָעָה
670	צַרְצַר

ק

688	קַב
2944, 1218	קְבוּצָה
16	קְבוּצַת כּוֹכָבִים
369	קַבָּלָה
388	קֶבֶר
191, 3017	קֶבֶר
484	קָדוֹשׁ
1354	קְדוֹשָׁה
310	קַדַּח
826	קַדַּחַת
1058	קְדִימָה
463	קְדֵירָה
63	קַדְמוֹן
	קַדְקֹד
293	קֵהֶה
593	קְהִילָה
682	קָהָל
125	קְהַל שׁוֹמְעִים
1652	קַו
905	קַו הַמַּשְׁוֶה
280, 692	קוּבִּיָּה
1870	קוֹטֶם צִיפּוֹרְנַיִים
3169	קוֹל
1263	קוֹלֵב
1516	קוּמְקוּם
186	קוֹמַת מַרְתֵּף
2595	קוֹנְצֶרְט
603	קוֹנְכִית
1712, 3289	קוֹסֵם
79, 1825	קוֹף
2194	קוּפָּה מְשׁוּתֶּפֶת
325	קֻפְסָה
451	קֻפְסַת קַרְטוֹן
2979	קוֹץ
569	קוֹקוֹס
693	קוּקִיָּה

עוֹרֵר תֵּמָהוֹן	114
עָזַב	1606
עֶזְרָה	34
עֲזָרָה	1308
עֵט	2074
עַט	2898
עֵט נוֹצָה	2317
עֲטִיפָה	1474
עֲטַלֵּף	191
עָטַף	3308
עִיגּוּל	532
עִיוּוּת פָּנִים	3273
עַיִט	3178
עִיטּוּר	1764
עָיֵף	3008
עִיכֵּל	767
עַיִן	932
עִיצּוּרִים	614
עִיקְּבוֹת	3049
עִיקּוּל	235
עִיקֵּם	236
עִיקָּרוֹן	2244
עִיר	534, 3041
עִיר בִּירָה	433
עִירְבֵּב	2822, 1812
עִירָנִי	45
עִירָנִית	1668
עִישֵּׁן	2703
עִיתּוֹן	1904
עַכָּבִישׁ	2752
עַכְבָּר	1846
עַכְבָּר רִיצָה	1125
עַל	1947, 2
עַל שִׂרְטוֹן	32
עָלֶה	1599
עֲלֵה דַּפְנָה	197
עֲלֵה כּוֹתֶרֶת	2094
עָלָה עַל הַסּוּס	1844
עֲלוּבוֹת	2195
עֲלִיָּה	2433
עֶלְיוֹן	3028
עֲלִיַּת גַּג	1681, 124
עָמַד	2794
עַמּוּד	2207, 2118, 583
עַמּוּד הַשִּׁדְרָה	2757
עַמּוּד מַיִם	3215
עָמוֹק	744
עָמוּם	768
עֲנָבִים	1185
עִנְבֵי שׁוּעָל	263
עָנָה	2402
עֲנִיבָה	2996
עֲנִיבַת פַּרְפַּר	323
עִנְיָין	1750
עָנָן	553
עָנָף	334
עֲנָק	1137, 1135
עֲנָקִי	1396, 899
עָסוּק	392
עָף	1038
עֲפִיפוֹן	1537
עִפְעֵף	1578
עִפָּרוֹן	2075
עֶפְרוֹנִי	1577
עֵץ	3294, 3065
עֵץ לָבִיד	2171
עֵץ מְעוּבָּד	1704
עֵץ תְּאַשּׁוּר	717
עָצָב	1897
עַצְבָּנִי	1898
עָצוּב	2485
עֲצִירָה	2829
עָצֵל	1596
עָצַם	303
עָצַר	101,2830
עָקֵב	1302
עִקְבָה	1046
עִקּוּל	706
עִקּוּם	675
עֲקִיצָה	2819
עַר	134
עֲרָבָה	2140
עֲרָבָה	3269, 2223
עַרְדָּל	1978
עָרוֹם	1872
עֲרֵימָה	2116, 1843
עֲרִימָה	1292
עֲרִיסָה	669, 656
עַרְמוּמִי	3271
עַרְמוֹן	505
עַרְסָל	1248
עֲרָפֶל	1809, 1040
עֵשֶׂב	1188
עֵשֶׂב רַע	3231
עֲשִׂירִי	2961
עֲשִׁירִים	2417
עֹשֶׁר	2957
עַתִּיק	63

פ

פָּאזֶל	1489
פָּאפָּיָה	2016
פֶּבְּרוּאָר	971
פָּגוּשׁ	976, 381
פְּגִישָׁה	1767
פִּגְרָה	1351
פֶּה	1848
פוּדְרָה	2221
פּוֹחֵד	24
פּוֹינְסֵי	2176
פּוֹמְפִּיָּה	1190
פּוֹעֵל מֵעַצְמוֹ	130
פּוֹצֵץ	270
פּוֹרֵץ	385
פּוֹשֵׁעַ	671
פּוֹתְחָן	418, 317
פַּחְדָּה	968
פַּחְדָן	651
פָּחוֹת	1801, 1619
פַּחִית	417
פֶּחָם	563
פְּחָמִים	490
פֶּטוּנְיָה	2095
פֶּטִיפוֹן	3106, 2374
פַּטִּישׁ	1246
פַּטִּישׁ עֵץ	1722
פֶּטֶל	2347
פֶּטְרוֹסְלִינוֹן	2029
פִּטְרִיָּה	1861
פִּיגּוּר	940
פִּיגְ'מָה	2302
פִּיָּה	942
פִּיהֵק	3322
פִּיזֵּז	2225
פִּיזֵּר אַשְׁפָּה	1665
פִּיל	885
פִּינָּה	630
פִּיסָּה	529
פִּיצּוּץ	930
פִּיקְנִיק	2107
פֵּירוּר, פֵּרוּרִים	685
פִּירָמִידָה	2303
פֵּירֵק	2911
פִּיתּוּל	3117
פִּכְסָם	655
פֶּלֶא	1803
פֶּלֶג	667, 356
פְּלָדָה	2807
פְּלוּס	2170
פָּלַשׁ	1457
פִּנְגְּווִין	2077
פָּנִים	937
פְּנִימִי בְּבַיִת	1434
פְּנִינָה	2062
פַּנָּס	1572
פָּנָס רְחוֹב	2848
פַּנַּס רְחוֹב	1564
פִּינְקָס	1988
פַּנְתֵּר	2014
פַּס	2854
פִּסְגָּה	2058
פִּסְיוֹן	2098
פְּסִיפָס	1836
פָּסִיק	591
פֶּסֶל	2542
פְּסַנְתֵּר	2101
פַּעוֹט	1666
פַּעַם	1948
פַּעֲמוֹן	229
פַּעֲמַיִים	3112
פְּצוּעִים	1458
פַּצִּיאֶנְט	2048
פֶּצַע	1442
פְּצִיעָה	3307

ס

סָבָא	1181
סַבּוֹן	2715
סביבון	3029
סָבִיר	1645, 2366
סַבֵּךְ	2926
סַבְלָנִית	2047
סָבְתָא	1182
סָגוֹל	2292
סְגָלִית	3162
סָגַר בַּבְּרִיחַ	1581
סְגָרָה	548
סָדִין	2593
סֶדֶק	654
סוֹבֵב	3100
סוּג	1528
סוּג שֶׁל שֶׁלֶג	2681
סוֹד	2555
סוֹוֵדֶר	2889
סוֹוֵדֶר עֶלְיוֹן	2279
סוּכָּה	1408
סוּכָּר	2864
סוּכָּרִיָּה	423
סוּכָּרִיָּה עַל מַקֵּל	1683
סוֹלַחַת	1053
סוֹלְלָה	195
סוּלָם	1554
סוּס	1378
סוּס יָם	1337, 2543
סוּס יָם	3190
סוּס פּוֹנִי	2192
סוּס רְבִיעָה	2792
סוּסָה	1735
סוֹף	894
סוֹף שָׁבוּעַ	3233
סוּפָה	1095
סוֹפֵר	129
סוּפַת צִיקְלוֹן	1404
סוּפַת רְעָמִים	2990
סוּפַת שֶׁלֶג	279
סָחֶטָה	3313
סַחְלָב	1962

סְחַרְחֹרֶת	795
סָטָר	2674
סִיבֵּב	3275
סִיבּוּב	235
סִיגָר	530
סִיגַרְיָּה	531
סִיחַ	582
סִיֵּם	995
סִיֵּר	929
סִיכָה	1195
סִיכּוּן	2434
סִיכַּת רֹאשׁ	181
סִיכַּת שֵׂעָר	299
סִיכַּת תַּכְשִׁיט	355
סִימָן	1737
סִימָן קְרִיאָה	918
סִינָן	2838
סִינָר	89
סִינָרִית	243
סִיס	1212
סִיס לַיְלָה אֲמֵרִיקָנִי	3255
סִיפּוֹן	741
סִיפּוּר	2835, 2918
סִיפֵּק	2269
סִיר	2212
סִירֵב	2385
סִירָה	298
סִירָה גְדוֹלָה	1585
סִירַת הַצָּלָה	1635
סִירַת מִפְרָשׂ	2490
סִירַת קָנוּ	427
סַכּוּ"ם	713
סַכִּין	1542
סַכִּין גִּילּוּחַ	2356
סְכַכַּת מָטוֹס	1262
סַכָּנָה	729
סֶכֶר	723
סַל נְצָרִים	188
סְלַח לִי	919
סָלָט	2492
סְלִיל	73, 2381
סְלִיל	2765
סֶלַע	2442
סֶלֶק	491, 220

סַלְרִי	469
סָמוּר	3224
סִמְטָה	47
סָמַךְ עַל	3089
סְנַאי	2783
סַנְדָּל	2499
סַנְדְּלָר	2611
סֶנְטִימֶטֶר	474
סֶנְטֶר	515
סַנְפִּיר	990
סְעוֹדָה	969
סְעָרָה	2834
סָפָה	637, 2719
סְפוֹג	2764
סְפּוֹרְטָאִית	118
סֶפְּטֶמְבֶּר	2568
סְפִינָה טְרוּפָה	2605
סְפִינַת טִיּוּל	3320
סֵפֶל תֵּה	696
סַפְסָל	234
סָפַר	170, 1239
סֵפֶר	305
סַפָּר	639
סִפְרִיָּה	1628
סְקוֹנֵר	2527
סְקִי מַיִם	3216
סְקַרְנִית	702
סְרָגָה	1543
סַרְדִּין	2502
סֶרֶט	2415, 2930
סֶרֶט	988, 161
סֶרֶט וִידֵאוֹ	3156
סֶרֶט קוֹלְנוֹעַ	1851
סִרְטוּט	3043, 2660
סַרְטָן	2628, 653
סַרְטַן יָם	1675
סַרְטַן מַיִם אָרֹךְ-זָנָב	662
שֶׂרֶן	139
סַרְפָּד	1900
סָרְקָה	585
סְתָו	945, 131
סָתַם =	2165, 986

ע

עָבֶה	2969
עֲבוֹדָה	3301
עוֹשֶׂה עֲבוֹדָה	1490
עֲבוֹדוֹת עֵץ	3297
עָבַר	2039
עֲגַבְנִיָּה	3016
עָגוֹל	2461
עָגוּר	657
עֲגוּרָן	658
עֵגֶל	408
עֲגָלָה	450
עֲגֶלֶת יְלָדִים	447
עֲגֶלֶת תִּינוֹקוֹת	141
עֵגֶן	62
עָדִין	1120
עַדְלְיָדַע	444
עֵדֶר	1315
עֲדָשָׁה	1616
עֲדַת דְּבוֹרִים	2887
עוּגָב	1965
עוּגָה	405
עוּגִיָּה	1558
עוּגִית	621
עוּגָל	1736
עוּגַת זַנְגְּבִיל	1141
עוּגַת פֵּירוֹת	2936
עוֹד	69
עוֹדֵף	485
עוֹלָה עַל	1131
עוֹלֵל	1435
עוֹלָם	3304
עוֹנוֹת	2550
עוֹנֶשׁ	2288
עוֹף	252
עוֹקֵץ	2820
עוֹר	276
עוֹר	1604, 2664
עוֹר הַחַיָּה	1325
עוֹרֵב	681
עוֹרֵב הַנְּחָלִים	1716
עוֹרֵב שָׁחוֹר	2351

נָאֲנַח	1208, 2637	נוֹקְשָׁה	3037	נִיתֵּר	1500	נֻפָּח	264
נָבוּב	1352	נוֹרָא	136	נִכֵּד	1180	נְפִילָה	946
נָבוֹך	611	נוֹרָה	1639	נִכֵּה רַגְלַיִים	1562	נָפַל	947
נָבוֹן	3286	נָזִיד	2815	נִכְנַס	1159	נָפְלָא	3293
נָבַח	174	נִזְכַּר	2368	נִכְנַס	901	נָפְלָה מ	948
נֵבֶל	3159	נֹחַ	2407	נִכְנַע	1147	נִפְקַע	2708
נָבָל	1273	נֹחַ עַל מוֹת	2453	נְכָסִים	2264	נֵץ	1282
נֶגֶד	29	נֶחְבָּא	1326	נִכְשַׁל	939	נִצְנוּץ	3115
נְגִיסָה	257	נְחֹשֶׁת	623	נִלְחַם	984	נְקֵבָה	974
נְגִיעָה	3036	נְחִיתָה	1568	נָמוּך	1698	נַקְבּוּבִית	2201
נָגִיף	1126	נַחַל	2845	נָמוּך	2617	נְקוּדָה	2087, 2178
נִגְמַר	2478	נֶחְלַץ	908	נָמֵל	2203	נְקוּדוֹת מַבָּט	3157
נָגָס	256	נֶחְמָד	1907	נָמֵל	1267	נָקַז	815
נַגָּר/נַגָּרִית	445	נֶחְמְדָה	712	נְמַל תְּעוּפָה	40	נְקִיָּיה	541
נִגְרַר	812	נֶחְנַק	523	נְמָלָה	71	נַקְנִיק	2507
נָדִיב	1119	נֶחְרַך	2531	נָמַס	1770	נֶקַע	2769
נָדִיר	2345	נָחָשׁ	2707	נָמֵר	2998	נָקַר	3295
נָדַל	475	נָחָשׁ נְקִישָׁה	2350	נָמֵר	1617	נִקְרַע	2430
נָדָן	2591	נַחַת	1567	נְמָשִׁים	1067	נֵר	421
נַדְנֵד	2443	נְטִיף קֶרַח	1416	נִסָּה	3091	נִרְאָה	2559
נַדְנֵדָה	2557, 2894	נִיגוּב	3284	נְסֹרֶת	2511	נִרְאִים לָעַיִן	3165
נָהַג לְאָחוֹר	2410	נִידָּח	2396	נִסְחַף	825	נִרְדָּם	111
נָהַג פָּרוּעַ	832	נִיהֵג	2810	נָסִיך	2241	נִרְפָּא	1290, 699
נָהַג קָטָר	897	נִיּוּט	1880	נְסִיכָה	2242	נַרְקִיס	718
נִהְדַּר	1196	נִיזּוֹק	724	נְסִיעָה	3061	נִרְשַׁם	2387
נֶהְדֶּרֶת	1171, 1697	נִיחֻשָׁה	1223	נְסִיקָה	3335	נָשָׂא אִישָׁה	1740
נְהִיגָה זְהִירָה	831	נַיֶּדֶת	2204	נָסַע אֲחוֹרַנִית	143	נִשְׁבַּר	337
נָהֲנָה	898	נְיָיר	2017	נָע	1849	נְשִׁימָה	341
נָהָר	2436	נְיָיר טִיּוּטָה	2534	נָע וָנָד	3053	נְשִׁימָה כְּבֵדָה	2013
נְוֵה מִדְבָּר	1929	נִיכּוּוה	2514	נֶעְדָּר	4	נְשִׁיפָה	2275
נוֹזֵל	1035	נִימוּסִים	1728	נָעִים	2158	נְשִׁיקָה	1535
נוֹזְלִים	1661	נִינוֹחַ	2393	נְעִימַת מֶזֶג	1529	נָשַׁך	256
נוֹחַ	590	נִיסּוּי	926	נַעַל	1676	נָשַׁם	342
נוֹטָה	1601	נִיסֵּר	2510	נַעַל בַּיִת	2689	נֶשֶׁף	290
נוֹכֵחַ	2229	נִיפּוּץ	2699	נַעֲלֵי הִתְעַמְּלוּת	2709	נִשְׁפַּך	2754
נוֹכֵל	674	נִיצוּץ	2742	נַעֲלֵי טֶנִיס	2959	נָשַׁר	839
נוֹל	1687	נִיצָּחוֹן	3272	נַעֲלֵי שֶׁלֶג	2714	נֶשֶׁר	858
נוֹלְדָה	312	נִיצָן	370	נַעֲלַיִים	2609	נִשְׂרַד	1580
נוֹסֵעַ	2037	נִיקֵּב	2286	נֶעֱלַם	778	נָתִיב	1570
נוֹסָף	69	נִיקּוּי יָבֵשׁ	844	נַעֲנוּעַ	2579	נָתִיך	1094
נוֹף	2524	נִיקֵּל	1908	נַעֲנַע	2082	נָתְנָה	1145
נוֹפְפָה	3218	נִיקֵּר	2067	נָעַץ	1472, 2905		
נוֹצָה	970	נִיתּוּחַ	1954	נַעֲצָה מַבָּט	2796		
נוֹצֵץ	2743	נִיתֵּר	1368	נֶעֱצַר	1245		

מַעֲדֵר 1347
מְעוּבָּשׁ 2790
מַעֲטֶה נוֹצוֹת 809
מְעַטִּים 981
מַעֲטָפָה 903
מַעְיָן 2774
מְעִיכָה 686
מְעִיל 566
מְעִיל גֶּשֶׁם 2339
מְעִיל חוֹרֶף 2026
מְעִיל עֶלְיוֹן 1976
מְעִיל רוּחַ 3276
מֵעַל 1938
מֵעַל לְ- 3
מַעֲלִית 886
מַעַן 17
מַעֲקֶה 1256, 165
מַעֲקָה 2335
מַעֲרָב 3240
מְעַרְבֵּל 1813, 275
מְעָרָה 466
מַעֲרִיץ 19
מַעֲרֶכֶת מַדְרֵגוֹת 2788
מַעֲרֶכֶת פִּיגּוּמִים 2513
מַפָּה 1730
מַפּוּחִית פֶּה 1271
מַפּוֹלֶת שְׁלָגִים 132
מַפּוֹן 119
מְפוּרְסֶמֶת 951
מַפִּית 1874
מַפַּל מַיִם 3213
מִפְלֶצֶת 1827
מִפְנָה 542
מִפְסֶלֶת 518
מַפְצֵחַ אֱגוֹזִים 1925
מְפַקֵּד 510, 18
מְפַקֵּחַ 1448
מִפְרָץ 1229, 196
מִפְרָשׂ 2488
מִפְרָשִׂית 2489
מִפְרָשִׂית סִינִית 1508
מַפַּת שׁוּלְחָן 2903
מַפְתֵּחַ 1517
מַפְתֵּחַ הַצָּתָה 1424
מַפְתֵּחַ מִילִּים 1432
מִפְתָּן 2983
מַצָּב 1830, 1831
מִצְבָּטַיִים 2123
מָצוֹף 384
מֵצַח 1050
מִצְחָה 3167
מְצַחְצֵחַ 2187
מִצְטַעֵר 2731
מְצִיאָה 172
מַצְלֵמָה 414
מְצִלְתַּיִים 716
מַצְמֵד 558
מִצְנָח 2018
מַצְנֵם 3011
מִצְעָד 2019
מַצָּעִים 1653
מִצְפֶּה 924
מַצְפֵּן 597
מָצֶצָה 2862
מַצֶּקֶת 1555
מִצְרְכֵי מַכּוֹלֶת 1210
מַקְבִּילִים 2020
מַקְדֵּחָה 827
מַקְהֵלָה 521
מִקְוֵה מַיִם 2191
מְקוֹם הִתְרַחֲשׁוּת 2523
מָקוֹם 2137
מָקוֹר 202
מְקוֹר הָאֲנָפָה 1124
מַקּוּשׁ 2104
מִקְטוֹרֶן 1473, 272
מִקְטוֹרֶן 3152
מִקְטֶרֶת 2128
מַקֵּל 2816
מַקֵּל הֲלִיכָה 424
מִקְלַחַת 2626
מַקְלֵט וִידֵאוֹ 3155
מְקַלְקֵל 145
מַקָּף 1412
מִקְצוֹעַ 2142
מַקְרֵן 2329
מְקָרֵר 2384, 1072
מַר 258
מַרְאָה 1805
מֵרֹאשׁ 33
מַרְאַת תַּשְׁקִיף 2364
מִרְבָּץ 1559
לִיקּוּי חַמָּה 873
מְרוּחָק 790
מְרוּפָּט 2575
מַרְזֵב 1233
מָרַח 2771, 2700
מֶרְחָק 789
מְרִיצָה 3248
מִרְכֶּבֶת בַּרְזֶל 493
מֶרְכָּז 473
מַרְמִיטָה אֲמֵרִיקָנִית 1217
מִרְפָּאָה 545
מִרְפֶּסֶת 2200, 153
מַרְפֵּק 881
מַרְצֶפֶת 3000
מֶרֶק 2300
מָרָק 2733
מַרְתֵּף 471
מַשְׁאֵבָה 2281
מַשְׁאֵבַת דֶּלֶק 1112
מַשְׁאִילָה 313
מַשָּׂאִית 3083
מִשְׁאָלָה 3287
מְשׁוּבָּע 1313
מָשׁוֹט 1990, 1928
מָשׁוֹט 1990
מְשׁוּכְנָע 478
מְשׁוּלָּשׁ 3069
מְשׁוּמָּשׁ 3138
מְשׁוּשֶׁה 1322
מְשׁוּתָּק 2021
מִשְׁחָה 1943
מִשְׂחָק 1098
מִשְׂחַק גּוֹלְף 1166
מִשְׁחַת שִׁנַּיִים 3027
מַשְׁחֶתֶת 754
מִשְׁטָח 2877
מְשִׂימָה 2937
מָשַׁךְ 2277
מָשַׁךְ בְּחוֹזְקָה 3095
מָשָׁל 936
מְשַׁמֵּשׁ 87
מְשַׁעֲמֵם 311
מִשְׁעֶנֶת 688
מִשְׁפָּחָה 950
מִשְׁפָּט 3068, 2566
מַשְׁפֵּךְ 1088
מַשְׁקֶה 828
מִשְׁקָל 2515
מִשְׁקָע 747
מִשְׁקְפֵי מָגֵן 1163
מִשְׁקָפַיִים 1152, 934
מִשְׁקֶפֶת 251
מִשְׁתַּכֶּרֶת 861
מֵת 763, 736
מִתְאַגְרֵף 326
מַתְאִים 2263
גִּיבּוֹר 1318
מֶתֶג 2896
מִתְהַדֵּר 2624
מְתוּבָּל 2751
מְתוּלְתֶּלֶת 701
מְתוּמָן 1933
מָתוֹק 2891
מָתְחָה 2849
מַתְחִיל 224
מִתְחָרִים 2435
מִתַּחַת 3124, 232
מָתַי 3250
מָתִיחַ 880
מַתְכּוֹן 2371
מַתֶּכֶת 1779
מִתְלֶה 2686, 2327
מִתְנַדֵּב 3172
מַתָּנָה 2230, 1136
מִתְנַצֵּל 81
מִתְעוֹרֶרֶת 1133
מִתְקַן שִׁילּוּחַ 1587
מִתְרַחֵץ בְּאַמְבַּטְיָה 192

נ

נָא 2354
נֶאֱבַק 3312
נָאֶה 1257

מַחֲבַת 2007	מִיהַר 1405	מַכְשִׁיר חִימּוּם 1296	מְנֻמְנָם 2680, 840
מְחֻדָּר 2179	מִיטָה 213	מַכְשִׁירִים 3023	מְנֻמָּס 2188
מָחוֹז 791	מְיַבֵּשׁ כְּבִיסָה 845	מַכְשֵׁפָה 3288	מָנוֹעַ 1840, 896
מְחֻמָּשׁ 2079	מַייל 1792	מִכְתָּב 1623	מָנוֹעַ סִילוֹן 1485
מְחֻסְפָּס 2460	מַייִן 2732	מַכְתֵּשׁ 1835	מְנוֹרָה 1563
מָחוּץ לַסְּפִינָה 1975	מִיכַל 2927	מְלָאכָה 3300	מְנוֹרַת לַיְלָה 214
מַחֲזֶה תַעְתּוּעִים 1804	מִיכָלִית 2928	מַלְבֵּד 239	מְנוֹרַת שֻׁלְחָן 1637
מַחְזִיר 409	מִילֵּא 987	מַלְבִּין 273	מִנְסָרָה 2246
מַחַט 1890	מִילָה 3299	מַלְבֵּן 2376, 1930	מַנְעוּל 1992, 1677
מְחִיקָה 680	מִילוֹן 762	מַלְגָּה 2525	מְנַצֵּחַ 605
מְחִיר 2236	מֵייל 1392	מַלְגֵּזָה 1055	מַנְתָּה 1800
מַחְלָבָה 721	מַיִם 3210	מְלוֹכְלָךְ 776	מַנְתֵּחַ 2878
מַחְלָה 782	מַיִם לִרְחִיצַת כֵּלִים 786	מְלוּכְלֶכֶת 1204	מְסַבְּאָה 168
מַחֲנֶה צְבָאִי 178	מַיִם פּוֹשְׁרִים 1702, 622	מָלוֹן 1769, 428	מַסָּבִיב 99
מַחְסֶה 2596	מִימְשָׁה 2361	מָלוֹן טַל הַדְּבַשׁ 1360	מַסְבִּיר 928
מַחְסוֹם 1867, 182	מִינְרָל 1798	מְלוֹנָה 1514	מִסְדְּרוֹן 1244, 632
מַחְסָן 3196	מִיסְמֵר 1871	מֶלַח 2491	מְסֻדָּר 2995
מַחְצָבָה 2309	מִיץ 1498	מֶלַח 2495	מְסֻדָּר וְנָקִי 1882
מָחָר 3018	מִיצְמֵץ 277	מַלְחִין 599	מָסוּף 2962
מַחֲרֹזֶת 1885	מֵיצַר 2253	מִלְחָמָה 3194	מָסוֹק 1303
מַחְרֵשָׁה 2162	מִיקְרוֹ גַּל 1787	מֶלְחָצַיִים 536	מַסּוֹר 2509
מַחְשֵׁב 601	מִיקְרוֹסְקוֹפּ 1786	מֶלֶט 472	מַסּוֹר חַשְׁמַלִּי 481
מָט לִיפּוֹל 3030	מִיקְרוֹפוֹן 1785	מֶלֶךְ 1530	מְסִיבָּה 2033
מְטָאוֹר 1780	מֵירוֹץ 2326	מַלְכָּה 2312	מְסִילַת בַּרְזֶל 2336
מָטָאטָא 357	מַכְבֵּנָה 299	מַלְכּוֹדֶת 3059	מְסִילַת רַכֶּבֶת 3044
מִטְבָּח 1536	מַכְבֵּסָה 1589	מַלְכוּתִי 2464	מָסָךְ 2538
מַטְבֵּעַ 574	מַכָּה 380	מַלְפְּפוֹן כָּבוּשׁ 2105	מַסֵּכָה 1743
מְטֻטֶּלֶת 2076	מְכוֹנַאי 1763	מֶלְקָחַיִים 3019, 2161	מַסְלוּל הַחֲלֻקָּה 2683
מְטֻנָּף 770, 989	מְכוֹנִית 436	מַלְקֵט 3111	מַסְמֵר 1868
מָטוֹס 39	מְכוֹנִית כִּיבּוּי 998	מַלְתָּחָה 3195	מְסַנְווֶרֶת 350
מָטוֹס סִילוֹן 1486	מְכוֹנַת חִישּׁוּב 406	מַסּוֹר חַשְׁמַלִּי 481	מַסָּע 3177
מְטֻפָּשׁ 2643	מְכוֹנַת כְּבִיסָה 3204	מְמוּלָּא 2858	מִסְעָדָה 2408
מְטֹרָשׁ 2470	מְכוֹנַת כְּתִיבָה 3120	מַמְחָטָה 1264	מִסְפָּרַיִים 2528
מַטְחֵנָה 1794	מְכוֹנַת תְּפִירָה 2574	מַמְצִיא 1459	מָסַר 1251
מִטְעָן 442	מְכוֹעָר 3121	מַמְשִׁי 2362	מְסָרָה 2034
מִטְפָּה 931	מָכְחוֹל 364	מֶמְשָׁלָה 1174	מַסְרִיחַ 2702
מֶטֶר 1782	מְכִירָה 2493	מַנְגָּד 1956	מַסְרֵק 584
מַטָּרָה 2934	מִכְנְסֵי גִּ'ינְס 1482	מַנְגּוֹ 1727	מַעְבָּדָה 1551
מַטְרִיָּיה 3122	מִכְנָסַיִם 3080, 2015	מַנְדּוֹלִינָה 1725	מַעְבּוֹרֶת 978
מַטְרֵף לְבֵיצִים 3256	מִכְנָסַיִם קְצָרִים 2618	מַנְדָּרִינָה 2925, 1724	מַעֲבָר 2036, 41
מִי 3262	מִכְסֶה 1631, 649	מַנְהִיג 1598	מַעֲבַר חֲצִיָה 2071
מֵי רֶפֶשׁ 2696	מִכְסֶה בְּזֶפֶת 2135	מְנַהֵל 2243, 314	מְעָגִילָּה 2450
מְיַבֵּשׁ שֵׂעָר 1240	מִכְסַחַת דֶּשֶׁא 1593	מִנְהָרָה 3098	מַעְגָּן 3244
מִיגְבָּלָה 1254	מַכְרָה 1796	מְנוּיִים 1771	מָעַד 3076

לכל אחד	857	מאובן	1059	מגעיל	2685	מוכן	2359
לכל מקום שהוא	77	מאוהבים	1696	מגף	308	מוכרח	1865
למד	2857	מאוורר	952	מגרד	2536, 1469	מוכרת	2562
למה	3263	מאוזן	1625, 912	מגרה	1470	ממול	15
למחוא כף	83	מאולף	2923	מגרפה	2342	מומחה	927
למסור ביד	537, 746	מאוס	1060	מגרש	646	מונה	1781, 640
למעוך	1742	מאזינים	1663	מגרש משחקים	2155	מונית	2940
למשול	1173	מאחורי	226	מגש	3062	מוסיקאית	1863
לנהם	2293	מאחר	1582	מד	1781	מוסיקה	1862
לסדר	100	מאי	1752	מד מרחק	1936	מוסס	788
לסובב	2755	מאמין	228	מד קצב	1784	מועדף	967
לסת	1481	מאמינה	943	מדבק	1437	מועיל	3139
לעולם לא	1901	מאמן	560	מדבר	750	מוצא חירום	999
לעיתים תכופות	1941	מאמנת	3052	מדורה	304	מוקדם	860
לענה	2935	מאפיה	151	מדחום	2968	מוקיון	555
לעסה	506	מארס	1734	מדחף	2262	מוקף	2882
לעשות	796	מאשים	9	מדידה	1761	מורה	2943
לפיד	3031	מבוגר	1221	מדים	3130	מושב	2551
לפני	222	מבדד	1452	מדינה	643	מושכה	2391
לפת	3105	מבוך	1755	מדף	2594	מותניים	3183
לפתע	2863	מבזק	1016	מדף ספרים	306	מזבלה	850
לצד	238	מבטא	6	מדרגה	2812	מזג	2955
לצרף	122	מבצר	1057	מדרגות נעות	907	מזג	2219
לקבל בחזרה	1128	מברג	2540	מדרון	2692	מזג אוויר	3225
לקדם	21	מבריק	2603	מדריך	1451	מזוודות	1701
לקוח	708	מברק	2949	מדרכה	2636, 2051	מזוודה	2866, 3086
לקח	2910	מברשת	363	מדרשה	578	מזומנים	454
לקחת בחזרה	2913			מדשאה	1592	מזח	112, 2311
לקחת עימו	2912	מברשת	1999, 1238	מה	3245	מזחלת	2677
לקחת מוכן	2917	מברשת שיניים	365	מהודר	953	מזלג	1054
לקלוף	2072	מברשת שניים	3026	מהופך	3136	מזלג סיני	526
לרצף	1594	מבשל	620	מהיר	959	זלף	3211
לשאת	449	מגבת	3039	מהיר	2314, 2344	מזמין	1462
לשון	3020	מגדל	3040	מהלומה	289	מזנון	1409
לשטוח	1020	מגדל חד	2759	מהסס	1321	מזניח	1891
לתפוס	1127	מגדלור	1641	מודרני	1818	מזרח	866
		מגהץ	1465	מוהל	2501	מזרן	1751
מ		מגופת	393	מוזיאון	1860	מזרן אוויר	37
		מגושם	1215	מוזר	2840, 3236	מזרקה	1062
מ	1076	מגושמת	137	מוח	331, 1795	מחאה	2265
מאגר	2405	מגירה	818	מוט	167, 2184, 2446	מחבוא	1327
מאד	3151	מגלשי סקי	2661	מוט להוקי קרח	1346	מחבטים	190
מאה	1400, 476	מגן	2598	מוך	1657	מחבר	129
מאהל	416	מגנט	1713	מסה	1744	מחבר	1494

מילה	מספר	מילה	מספר	מילה	מספר	מילה	מספר	מילה	מספר
כה המשיכה	1193	כסא נדנדה	2445	לא חיבבה	787	לו	1422		
כחול	291,1433	כסיה	1811	לא יכול	426	לוויתן	3243		
כיבה	3101	כסף	1824, 2644	לא ישר	785, 676	לוח	2010, 262		
כיוון	774	כספת	2487	לא נראה	1460	לוח המחוונים	732		
כיור	2648	כף	431	לאחרונה	2370	לוח מודעות	248		
כייר	2150	כף	2766	לאפות	149	לוח צבעים	2005		
כיכר	1673	כף גננים	3082	לב	1294	לוח ציפחה	2676		
כילף	1278	כף היד	2006	לב התפוח	85	לוח שנה	407		
כינור	3163	כפול	1856, 806	לבד	51	לוחית רישוי	1629		
כיס	2173	כפוף	2694	לבוא	587	לוין	2503		
כיסא גלגלים	3249	כפור	1078	לבוש	3223	לולאה	1688		
כיסה	648	כפף	236	לבלום	333	לוליני	2758		
כיפה	802	כפפות	1155	לבן	3261	לולינית	14		
כיצד	1391	כפר	642, 3158	לבנה	343	לומד	1602		
כירסם	1906	כפתורים	397	לבנים	1653	לח	1819		
כיתה	538, 1177	כר	2119	לבש	822	לחבט	164		
כל	914	כרוב	399	לגלות	780	לחבר	= 122, 16		
כל בו	2874, 749	כרוב ניצנים	366	לגם	2650	לחי	500		
כל דבר שהוא	76	כרובית	464	לגרד	1468	לחישה	3258		
כלב	799	כרום	527	להב	265	לחם	336		
כלב הנהר	1969	כרזה	2211	להב משונן	1475	לחץ	2233		
כלב ים	2546	כרטיס	2993	להביא	351	לחצה	2781		
כלבלב	2290	כרטיסן	606	להבריש	362	לחקות	1815		
כלה	345	כריך	2500	להדחק	710	לטאה	1670		
כלוב	404	כריש	2583	להחזיר	352	לטיח	2148		
כלי חרס	2214, 516	כרית	707	להחליט	740	ליבלב	286		
כלי נשק	3222	כרך	534	להחליף	2897	ליד	238		
כלי תובלה	3058	כרכום	673	להחליק	2663	לידה	253		
כליא רעם	1643	כרסה	96	להטוט	3070	ליטף	2093		
כליה	1522	כרעה	1541	להטוטן	1497	ליטר	1664		
כליל הר	2457	כשרונות	2919	להיות	199	ליל כל הקדושים	1243		
כלים	784	כתב	3316	להכנס	1129	לילה	1911		
כללים	2472	כתב עת	1709	להכריז	68	לילך	1646		
כלשהו	75	כתבת	17	להלם	164	לימדה	2942		
כמו	106	כתום	1959	להפטר	1132	לימון	1613		
כמות	2307	כתם	287, 2767, 2787	להקה	162	לימון ירוק	1649		
כמעט	50	כתף	2619	להקים מחנה	415	לימונדה	1614		
כן	1357, 2874	כתפיות	2883	להקת ציפורים	1027	ליצן	555		
כן שילוח	1989	כתר	683	להרים ידיים	2340	ליקוי חמה	873		
כניסה	902			להשתרע	1694	ליקק	1630		
כניעה	2881	**ל**		להתגעגע	1807	לירה	2217		
כנף	3281			להתווכח	2365	לכאן	1316		
כס מלכות	2985	לא	1916	להתקרב	86	לכד	459		
כסא	482	לא זהיר	441	להתרברב	297	לכוון	35		

חֲתִימָה 2640
חָתַךְ 709
חַתַלְתוּל 1538
חָתָן 1211, 346
חָתַר 2463, 1991

ט

טָאטָא 2890
טַבּוּר 230
טַבָּח 619
טְבִיעַת אֶצְבָּעוֹת 994
טַבְלִית 2904
טֶבַע 2649, 1878
טִבְעִי 1877
טַבַּעַת 2425
טָהוֹר 2291
טוֹב 3239, 1167
טוֹב יוֹתֵר 241
טוֹבָה 966
טוֹן 3021
טוּס 2057
טוֹפֶר 539
טוֹרְנָדוֹ 3032
טוּרְקִיז 3107
טְחִינָה 1206
טַחֲנַת רוּחַ 3277
טִיגֵן 1081
טִיּוּל 3075, 3061
טִיחַ 2147
טַיָּיס 2121
טִיל 2444, 1808
טַיִס חָלָל 115
טִיפָּה 835
טִיפְחָה 1213
טִיפָּלָה 1212, 440
טִיפֵּס 1160, 544
טִירָה 456
טַל 756
טָלָאִי 2045
טָלֶה 1561
טֶלֶוִיזִיָה 2953
טֶלֶסְקוֹפ 2952
טֶלֶפוֹן 2950, 2099

טֶלֶפוֹן צִיבּוּרִי 2054, 2272
טֶלְפָּנָה 411, 2951
טֶמְפֶּרָטוּרָה 2956
טֶנְבּוּרִית 2922
טֶנִיס 2958
טָעִים 2939
טַעַם 2938, 1021
טָעַן 1672
טָפַח 2343
טִפְטֵף 824, 3071
טְרוּטָה 3081
טָרִי 1070
טְרִיטָה 1799
טְרִיפַת קְלָפִים 2631
טְרַמְפּוֹלִינָה 3055
טָרַף 2235
טַרְפֵּז 3060
טָרַק 2672
טְרַקְטוֹר 3045
טְרַקְלִין 1669

י

יַבָּבָה 3253
יְבוּל 677
יַבֶּלֶת 3202
יָבֵשׁ 842
יַבֶּשֶׁת 617
יָד 1250
יְדִידוּת 1073
יָדִית 1255
יָדִית הַדֶּלֶת 805, 1544
יַהֲלוֹם 759
יוֹדֵעַ 1547
יוּלִי 1499
יוֹם 735, 1071
יוֹם הוֹלֶדֶת 254
יוֹם חֲמִישִׁי 2991
יוֹם רִאשׁוֹן 2869
יוֹם רְבִיעִי 3230
יוֹם שַׁבָּת 2505
יוֹם שְׁלִישִׁי 3094
יוֹם שֵׁנִי 1823
יוֹמִי 720

יוֹמָן 761
יוֹנָה 2114, 808
יוֹנִי 1506
יוֹצֵר 1719
יַחְדָּו 52
יָחִיד 2647
יְחִידָה 1951
יָחֵף 171
יַיִן 3280
יֶלֶד 1519, 327
יַלְדָּה 1144, 511
יַלְקוּט 147
יָם 2544
יָמִין 2421
יְמִינָה 2422
יְמָנִי 2423
יָנוּאָר 1479
יַנְשׁוּף 1981
יְסוֹד 1061, 183
יְסוֹדִי 2239
יַעַר 3296, 051
יַעַר עַד 1507
יָפֶה 2234
יָפְיָיה 209
יָצָא 922
יָצָא הַחוּצָה 2814
יְצוּר 666
יְצִירָה מוּסִיקָלִית 600
יָקִינְתוֹן 1410
יָקָר 925
יְקָרָה 738
יָרֵא 24
יָרַד לְמַטָּה 1158
יָרָה ב 2612
יָרוֹק 1198
יָרוֹק עַד 913
יָרֵחַ 1832
יָרִיד 941
יָרֵךְ 2971, 1336
יָרָק 2760
יֶרֶק 1314
יְרָקוֹת 3145
יֵשׁ 1281
יָשַׁב 2653

יָשַׁב בְּשִׂפִיפָה 2780
יָשַׁב עַל עָנָף 2084
יְשִׁיבָה 1768
יָשֵׁן 111
יָשָׁר 2837
יָתֵד 3229, 2789
יָתוֹם 1967
יָתוֹשׁ 1837
יִתְרוֹן 22

כ

כְּאֵב 1995
כְּאֵב רֹאשׁ 1288
כְּאֵב שִׁנַּיִם 3025
כַּבַּאי 1001
כָּבֵד 1299
כָּבוֹד 1362
כְּבִיסָה 1588
כְּבִישׁ רָאשִׁי 1331
כֶּבֶל 402
כֶּבֶל נִיצוֹץ 1505
כְּבָר 55
כָּבַשׁ 2592, 2106
כִּבְשָׁן 1524, 1091
כַּדּוּר 155
כַּדּוּר הָאָרֶץ 862
כַּדּוּר לְהוֹקִי קֶרַח 1345
כַּדּוּר סַל 189
כַּדּוּר עָף 3171
כַּדּוּר פּוֹרֵחַ 159
כַּדּוּרְגָּל 2716
כַּדּוּרְגָּל אָמֶרִיקָנִי 1045
כַּדּוּרִי 2750
כַּדּוּרֵי רוֹבֶה 377
כּוֹאֵב 11, 2729, 1406
כּוֹבַע 430, 1276
כּוֹכָב 2795
כּוֹכְבֵי לֶכֶת 2143
כּוֹס 1151
כּוֹעֵס 65
כּוֹרֶה 1797
כּוֹרֶת 1340, 218
כּוּתְנָה 636

חֶבֶל כְּבִיסָה 552	חֹרֶף 3283	חֵירוֹם 892	חַסַּר יֶשַׁע 1309
חֲבַצֶּלֶת 1647	חוֹשֶׁךְ 730	חִישׁוּק 1367	חֲסַר תִּקְוָוה 1370
חֲבֵרוּת 594	חָזֶה 504	חִיתּוּל 760	חֲפִיפָה 2581
חֲבֵרִים 1771	חֲזִיָּה 328, 3152	חַכָּה 1007	חֲפִירָה 3067
חָגָב 1189	חֲזִיר 2113	חָכְמָה 2698	חָפַף רֹאשׁ 2581
חֲגָגוּ 468	חֲזִיר בַּר 295	חָלָב 1793	חָפַר 766
חֲגוֹרָה 233	חֲזִיר יָם 1227	חֲלוּדָה 2480	חֵץ 731, 103
חֲגוֹרַת בִּטָּחוֹן 2552	חֲזִירָה 2736	חֲלוֹם 819	חַצָּאִית 2667
חֲגִיגָה 979	חָזִית 1077	חֲלוֹם בַּלָּהוֹת 1913	חַצֶּבֶת 1760
חַד 2584	חָזָק 2855	חַלּוֹן 3278	חָצוּ 679
חַד קֶרֶן 3129	חָזַר לְאֵיתָנוֹ 589	חַלּוֹן רַאֲוָוה 2615	חֲצוּבָה 865
חַדֵּק 3088	חָזַר עַל 2400	חֲלַט בֵּיצָה 2172	חֲצוֹצְרָה 3085, 373
חֶדֶר 2452	חֲזָרוֹת 2389	חָלִיל פֶּן 2011	חֲצוֹת הַלַּיְלָה 1791
חֲדַר אֹכֶל 771	חֲזֶרֶת 1857, 1379	חֲלִיפָה 2865	חֲצִי 1241
חֲדַר רַחְצָה 193, 3205	חֲטוֹטֶרֶת 1399	חֲלִיפִין 3046	חֲצִי כַּדּוּר 1311
חֲדַר שֵׁנָה 215	חָטָט 2122	חָלָל הָאֲוִיר 120	חֲצִי עִיגּוּל 2563
חָדָשׁ 1902	חָטַף 1175, 1521	חֲלַלְאַי 633	חָצִיל 877
חֲדָשׁוֹת 903	חָטָף (מָטוֹס) 1332	חֲלָלִית 2738	חָצָץ 1192
חוֹדֶשׁ 1828	חַי 45	חָלָם 820	חָצֵר 3321
חַוָּה 957	חַי בִּמְעָרָה 1439	חֶלְמוֹן 3329	חַקְיָנִית 1816
חוּט 2853, 2980	חִיבָּה 1644	חֵלֶק 912, 2704	חֶרֶב 2899
חוֹל 2498	חִיבֵּק 890	חֶלְקִיק 2031	חַרְדָּל 1866
חוֹל טוֹבְעָנִי 2315	חִיבֵּר 2111, 613	חֶלְקְלַק 2690	חָרוּז 2413, 201
חוֹלֵד 1820	חִידָה 2418	חֶלְקְלָקָה 2427	חָרוּט 607
חוֹלְדָּה 2348	חִידַת הַרְכָּבָה 2301	חָלָשׁ 3221	חָרוּט גְּלִידָה 608
חוֹלֶה 1425, 2634	חַיָּה 1667, 207	חַלַּת דְּבַשׁ 1359	חָרִיף 1384
חוֹלֵץ פְּקָקִים 628	חִיוֵור 2004	חָם 1383	חָרִיץ 1214, 2693
חוּלְצָה 288, 2606	חַיָּיב 1980	חֶמְאָה 395	חֶרֶס 540
חוּם 360	חַיָּיב 492	חָמוּץ 2734	חָרַף 1323
חוּם 980	חַיָּיט 2909	חֲמוֹר 803	חַרְצִית 528
חוּם בָּהִיר 227	חִייֵךְ 1205	חֲמוֹר יָם 1235	חַרְצִית בַּר 722
חוֹמוֹס 507	חַיָּיל 2721	חַמִּים 3197	חֲרָקִים 1444
חוּמְעָה 2730	חַיִּים 1634	חֲמִישִׁית 983	חֶרֶשׁ 737
חֹמֶץ 3161	חִיכְתָה 3184	חַמַּמַת זְכוּכִית 1200	חַרְשָׁף 104
חֻמְצָה 12	חֵיל פָּרָשִׁים 465	חַמָּנִית 2871	חָשַׁב 2975
חוֹנָה 2025	חִילּוּקֵי דֵעוֹת 777	חַמְצָן 1984	חֶשְׁבּוֹנִיָּה 1
חוֹף 200, 2616	חִילֵּק 794, 2582	חָמֵשׁ 1009	חָשׁוּב 1428
חוֹף הַיָּם 565	חִימֵּם 1295	חֶנְווֹנִי 1209, 2614	חַשְׁמַל 884
חוֹפְזָה 2479	חִימְצָה 507	חֲנוּת 2613, 2832	חַשְׁמַלַּאי 883
חוּפְשָׁה 3140	חִיסֵּר 2861	חֲנוּכִיִּים 1231	חַשְׁמַלִּית 3077, 1678
חוֹפְשִׁי 1068, 1689	חֲפוּשִׁית 221	חָנַק 522, 2841	חָשַׁק 3063
חֹק 1591	חִיפֵּשׂ 2548	חַסָּה 1624	חָתוּל 457
חוֹר 1350	חִיפַּת הַמָּנוֹעַ 1364	חֲסִידָה 2833	חֲתוּנָה 3228
חוּרְבָּן 2471	חִיק 1573	חָסַם 282	חֲתִיכָה 2110, 529

הֵסִיר 2397, 2914
הַסְמִיקָה 294
הִסְרִיחַ 2380, 2821
הִסְתּוֹבֵב בִּמְהִירוּת 3116
הִסְתַּיֵּים 3103
הֶעְדִּיף 2227
הֶעָרָה 3185
הַעֲנִיקָה 184
הָעֲנִישָׁה 2287
הֶעְתִּיק 624
הִפְחִידָה 1074, 2519
הִפִּיל 836
הֲפָכָה 3104
הִפְצִיר 2157
הִפְשִׁיר 2965
הַפְתָּעָה 2880
הִצְבִּיעַ 2177, 3174
הַצְדָּעָה 2496
הִצְטַיֵּיד 2824
הִצְטַעֵר 2388
הִצִּיג 2231
הַצָּגָה 1456
הִצִּיל 2404
הַצִּיפּוֹר הַמְזַמְזֶמֶת 1398
הֵצִיק 2091
הִצְלִיף 1014
הִצְלִיף בַּשַּׁבָּן 2740
הֲקָאָה 3173
הֵקִיא 2987
הַקָּלָה 1640
הִקְפִּיא 1069
הִקְפִּיץ 320
הַר 1845
הַר גַּעַשׁ 3170
הֶרְאָה 2623
הַרְבֵּה 1729, 1853
הֶרְגֵּל 1234
הָרָה 2228
הִרְטִיב 3242
הֵרִיחַ 2701
הֵרִים 1297, 1636
הֲרִימָה 2103
הַרְפַּתְקָה 23
הִרְתִּיחַ 301
הַשְׁאִילָה 1615, 1674
הִשְׁאִיר 1605
הִשָּׁאֵר 803
הִשְׁגִּיחַ עַל 1222
הִשְׁוָוה עִם 596
הִשְׁחִיל 2981
הִשִּׂיג 460
הִשְׁלִיךְ 851
הַשְׁלָכָה 1403
הִשְׁמִיד 753
הִשְׁתַּמֵּשׁ בְּמָנוֹף 1626
הִשְׁתַּמֵּשׁ בְּמָנוֹף 638
הִשְׁתַּקְּפוּת 2383
הִתְאַמֵּץ 2839
הִתְבּוֹנֵן 3209
הִתְגַּלְגֵּל 2448
הִתְהַפֵּךְ 1979, 3004
הִתְהַפֵּךְ 3097
הִתְוַכֵּחַ 94
הִתְחַבְּרוּ 1656
הִתְחַמְּמוּת 3198
הִתְחַנֵּן 223
הִתִּיז 2761,2784
הִתְיַיבֵּשׁ 843
הִתְכַּוֵּוץ 2629
הִתְכּוֹפְפָה 2828
הִתְמַחְתָּה 1746
הִתְמָרֵד 2367
הִתְנַגְּשׁוּ 579
הִתְנַגְּשׁוּת 580
הִתְנַדְנְדָה 2895
הִתְנַדְּפוּת 910
הִתְנַהֲגָה 225
הִתְנִיעַ 2798
הִתְנַפֵּץ 2588
הִתְנַפְּצוּת 659
הִתְנַשְּׁקוּ 1534
הִתְעַטֵּשׁ 2710
הִתְעַלֵּף 2035
הִתְעַמְּלוּת 3302
הִתְפּוֹצֵץ 387
הִתְפּוֹצְצוּת 269
הִתְפַּלֵּא 3292
הִתְפַּלְּלָה 2226
הִתְפָּרֵק 588
הִתְפַּשֵּׁט 3127
הִתְקַהֲלוּת 1395
הִתְקַלְקֵל 38
הִתְרַחֵב 923
הִתְרַכְּזָה 602

ו

וֶטֶרִינָרִית 3153
וִילוֹן 705
וִינָקָה 2088
וְעוֹד 2170
וָפֶל 3180
וָרוֹד 2127, 2458
וְרִיד 3148

ז

זְאֵב 3290
בֵּין 61
זְבוּב 1036
זֶבֶל אוֹרְגָנִי 2064
זֶבְרָה 3331
זָהָב 1164
זַהֲבָן 1966
זֵהֶה 1419, 2497
זוּג 644, 2002
זוּגִי 911
זוֹחֵל 2403
זָוִית 64
זוֹל 497
זוֹרֵק כַּדּוּר 2132
זַחַל 461
זָחַל 661
זַחַל הַזְּבוּב 1710
זִיוּף 944
זִילֵף 2775
זִים 1139
זִינֵק 2216
זִיקוּקֵי אֵשׁ 1000
זַיִת 1945
זָכָה בִּנְקוּדוֹת 2532
זְכוּכִית 1150
זְכוּכִית מַגְדֶּלֶת 1715
זָכָר 1721
זִכְרָה 2395
זְמוֹרָה 3113
זָמִיר 1912, 2797
זְמַן 3002
זָנָב 2908
זַנְגְּבִיל 1140
זַעְזוּעַ 2608
זָעִיר 3003
זַעַם 1079
זֶפֶת 2933
זַקּוּף 3135
זָקִיף 2567
זָקֵן 206
זָקָן 1944
זַר 3309
זֵר פְּרָחִים 321
זַרְבּוּבִית 2768
זְרוֹעַ 95
זָרְחָה 2600
זְרִיקָה 1441
זְרִיקַת כַּדּוּר 2133
זְרִיחַת הַשֶּׁמֶשׁ 2872
זֶרֶם 1487, 704
זָרַם 1031
זַרְנוּק 1381
זֶרַע 2558
זֶרַע תִּירָס 1515
זָרְעָה 2737
זַרְעִית הַשָּׂדֶה 2670
זָרַק 2986, 3035
זַרְקוֹר 2549

ח

חֲבוּרָה 361,380, 1705
חֲבוּרָה 1100
חָבוּשׁ 2320
חֲבִילָה 382, 1987, 2022
חָבִית 179
חֲבִיתָה 1946
חָבִיתִית 2008
חֶבֶל 626, 2455

1963	הַזמִין	2038	דַרכּוֹן	1718	דוּר	2009	דב פּנדה
1461	הַזמָנָה	2477	דָרַס	1301	דוֹרבָּן	2325	דב רוֹחֵץ
1348	הֶחזִיק	813	דִרְכּוֹן	2182	דְחִיפָה קַלָה	216	דבוֹרה
1146	הֶחזִירָה	1446	דָרשָה בתוֹקֶף	2520	דַחְלִיל	2817	דָבִיק
1003	הֶחלֵטִית			2621, 2296	דָחַף	1156	דֶבֶק
375	הֶחלִים			376	דַחפּוֹר	1810	דַבקוֹן לָבָן
486, 2401, 2886	הֶחלִיף		**ה**	1478	דָחַק	2090	דֶבֶר
1153, 2657	הֶחלִיק			1187	דִיאַגרָמָה	2043	דברי מאפה
2662	הֶחלִיק בּמַגלְשַים	3328	הָאַט	2745	דִיבֵּר	2974	דברים
2688	הֶחלָקָה וּמַעֲדָה	2695	הֶאִיט	2921	גָבוֹה	1358	דֶבֶש
2106	הֶחמִיץ	2747	הֶאִיץ	1006	דַיג	1005	דָג
240	הַטוֹב בּיוֹתֵר	1426	הֵאִיר	1443	דִיוֹ	1165	דָג זָהָב
3001	הַטָיָה	972	הַאֲכִילָה	2782	דִיוֹנוֹן	1320	דָג מָלוּח
1671	הַטעָין	266	הֶאֱשִים	2206	דְיוֹקָן	1533	דָג מְעוּשָן
135	הִיא לא נמצאת	1905	הַבָּא בּתוֹר	2202	דַייסָה	2138	דָג משֶה רבּנוּ
2999, 960	הַיְדָקה	764	הֶבדֵל	2285	דַייקָן	1826	דָג נָזִיר
212	הָיָה	2257	הַבטָחָה	2665	דִילוּג	2722	דָג סוֹל
1865	הָיָה צָרִיך	1686	הִבִּיט	773	דִינוֹסָאוּרוס	2994	דגדג
1260	הָיָה תָלוּי	889	הַבִּיך	2115	דִיר חֲזִירִים	1011, 2846	דֶגֶל
3012	הַיוֹם	3125	הֵבִין	887	דִישוֹן	2049	דֶגֶם
2852	הִיכְּתָה	3141	הֶבֶל	2900	דֶלֶב	1817	דֶגֶם
1225	הִינִחָה	1306, 2468	הָגָה	368, 1994	דְלִי	1097	דְהִירָה
1338	הִיסטוֹריָה	102	הִגִיעַ	1600	דְלִיפָה	3078	דְהִירָה קַלָה
2724	הִיפּוּך בָּאַוִיר	872	הֵד	2283, 2779	דְלַעַת	848	דוּ קְרָב
2357	הַישֵג-יָד	2041, 2931	הִדבִּיק	641	דָלְפֵּק	2209	דוֹאַר
1339	הִכָּה	1638, 3102	הִדלִיק	1083, 1110	דָלַק	205	דוֹב
2284	הִכָּה בּאֶגרוֹף	2245, 3119	הִדפִּיס	804	דֶלֶת	503	דוּבדבנים
46	הַכֹּל	3073	הִדֵק	284	דָם	173, 2333	דוּבּרה
1883	הֶכרֵחִי	1266	הוּא מאוּשָר	3005	דְמֵי שְתִיָה	917	דוּגמא
1049	הִכרִיח	1597	הוֹבִיל	2946	דִמעָה	3123	דוֹד
684	הִכתִיר	3057	הוֹבָלָה	763	דָעַך	127	דוֹדה
1305	הֲלוֹ	2964	הוֹדָה	1993	דַף	647	דוֹדָנִית
598	הַלְחִין	1777	הוֹדָעָה	1545	דְפִיקָה	2068	דַוושָה
3179	הָלַך בּרֶגֶל בּמַים	2267	הוֹכִיח	2343	דָפַק	5, 1111	דַוושת דֶלֶק
1157, 3186	הֲלָכָה	2070	הוֹלֵך רֶגֶל	739	דֶצֶמבֶּר	2299	דוֹחה
2218	הֶלֶם	82, 2625	הוֹפִיעַ	1802	דַקָה	849	דוּכס
1247	הֶלֶם בּכוֹח	2085	הוֹפָעָה	2372	דִקלוּם	846	דוּכסית
1438	הַלשִין	2916	הוֹצִיא הַחוּצָה	2237	דָקַר	830	דוֹלף
502	הַמחָאָה	1344	הוֹקִי קֶרַח	2083	דָקַר מַיִם מתוּקים	801	דוֹלפִין
1523	הֵמִית	2023	הוֹרָה	2753	דָרבָּן	703	דוּמדְמָנִית הַלְבָנון
2915	הַמרָאָה	838	הוֹרִיד	2978	דַרדַר	1170	דוּמדְמָנִית פְרָא
2297	הֵנִיח	3199	הִזהִיר	2735	דָרוֹם	2280	דוֹפֶק
2069	הֵנִיעַ אֶת הַדַוושָה	834	הִזִיל רִיר	1047	דרִיסַת רֶגֶל	2318	דוֹקְרָן
1699	הַנמִיך	2888	הִזִיעַ	2437	דֶרֶך	2238	דוֹקְרָנִי
		1270	הִזִיק				

בלט 157
בלם 332
בלם יד 1252
בלרינה 156
בלש 755
במקום 2137, 1449
בן 2725
בן אדם 2089
בן זוג 2032
בן תרבות 1121
בנאי 344
בנה 374
בננה 160
בנפרד 78
בנק 166
בסדר 56
בסיס 183
בעט 1518
בעיה 2251
בעל 1407
בעל הבית 1569
בעל פימה 314
בעל עסק 2168
בעל רגלי שחייה 3227
בעלי חיים 66
בעלים 982
בער 386
בפנים 1445
בצל 1950
בצל ירוק 519
בצק 807
בקבוק 316
בקול רם 1692, 53
בקלה 570
בקע 1277
בקר 462
בקרוב 2727
בקש 110
בקתה 2576
ברבור 2885
ברד 1236
ברדס 1363
ברווז 847
ברוך הבא 3237
ברוקולי 354
ברז 2929, 964
ברח 1023
בריא 1291
בריכה 2193
ברך 1540
ברכת פרידה 956
ברק 1642
ברת מזל 1700
בשביל 1048
בשל 2431
בשר 1762, 025
בשר עגל 3144
בת 734
בת יענה 1968
בתולת ים 1774

ג

גא 266
גב 142
גבה 359
גבוה 328
גבול 309
גבינה 501
גבעול 791
גבר 723
גברת 556
גג 451
גדול 245
גדוש 1576, 1084
גדי 520
גדל 219
גדם 2859
גדר 975
גדר חיה 300
גדרון 311
גודל 656
גוויה 631
גווע ברעב 799
גולות 732
גולל 134
גומי 465
גומי לעיסה 232
גומת חן 769
גוף 300
גוף אונייה 1397
גור דובים 691
גור שעשועים 2092
גורד שחקים 2671, 1329
גורילה 1172
גוש דירות 962
גוש דירות 281
גוש סלע 319
גז 1109
גזיזה 546
גזם 2271
גזע 3087
גזר 711
גזר 448
גזר הדין 2566
גזר לבן 2030
גיא הרים 2353
גיאוגרפיה 1123
גיבור 1318
גיבורה 1319
גיבעה 1333
גיהנום 1304
גיהץ 1464
גיחוך 1138
גיטרה 1228
גיל 30
גילוח 2589
ג'יפ 1483
גיר 483
גירוד 2537
ג'ירף 1143
גל 3217
גל קטן 2432
גלב 170
גלגל 247
גלגלי שיניים 2741, 1116
גלגלית 2658, 2449
גלגלת 2278
גלוית דואר 2210
גלולה 2117
גלי 3219
גלידה 1414
גליל 2447, 715
גלריה 1096
גלש 1977
גם כן 57
גמד 1790, 856
גמל 413
גן חיות 3334
גן ירק 1105
גן עדן 1298
גן ציבורי 2024
גנב 2970, 2805
גס 2469
גסה 64
גפן 3160
גפרור 1748
גר 1667
גרב 2717
גרב נילון 823
גרבונים 618
גרגיר הנחלים 3212
גרגר 1106
גרגרי דגן 477
גרוטאות 1509
גרון 2984
גרזן 138
גרירה 3038
גרם 1179
גרניון 1024
גרעין חיטה 1178
גרף 494
גרף ביעה 2529
גרר 1279
גשם 2337
גשם דק 833
גשם שוטף 3033
גשר 347
גשר זחיח 817

ד

דאגה 3306, 440
דאון 1154
דב אוסטרלי 1549
דב לבן 2183

בֶּטֶן	2825	בְּגָדִים	551	אֲרוּחַת בּוֹקֶר	340	אַנְטִילוֹפָּה	73
בְּיַחַד	3014	בִּגְלַל	211	אֲרוּחַת עֶרֶב	2875	אֲנִי בְּסֵדֶר	992
בִּיטָא	2259	בַּד	550	אֲרוּחַת צָהֳרַיִים	1706	אֲנִי שָׂמֵחַ	1149
בִּיתָנָה	1655	בְּדוֹלַח	690	אָרוֹךְ	1685	אֳנִיָּה טְרוּפָה	3310
בֵּיישָׁן	2633	בְּדִיחָה	1495	אָרוֹן	401	אָנֹכִי	3150
בִּילּוּי זְמַן	2042	בֶּדֶק	2963	אֲרוֹן בְּגָדִים	549	אֲנָנָס	2126
בִּילְיַארְד	249	בְּהֵמָה	207	אֲרוֹן כֵּלִים	697	אֲנָשִׁים	2080
בִּימָה	2786	בַּהֶרֶת	1821	אֲרוֹן מְגֵרוֹת	823	אַס	10
בֵּין	242, 61	בּוּבָּה	800	אֲרוֹן מֵתִים	572	אָסוֹן	79
בֵּין עַרְבַּיִם	854	בּוּבַּת עֵץ	2289	אֶרֶז	1986	אַסְטְרוֹנָאט	115
בֵּינוֹנִי	1766	בּוֹגֵר	20	אַרְזִית	1574	אַסְטְרוֹנוֹם	116
בִּיסְבּוֹל	185	בּוֹדֵד	51, 1684	אֲרִיגָה	3226	אַסְיָה	109
בִּיסְקְוִיט	255	בּוֹדֵק	499	אַרְיֵה	1658	אָסִיר	2248
בֵּיצָה	876	בּוֹהֶן	3013	אַרְכִיטֶקְט	92	אָסָם	177
בִּיצוּעַ	2085	בּוֹחֵן	2323	אַרְמוֹן	2003	אַסְפָה	577, 1115
בִּיצִי	1973	בּוֹחֵר	3175	אַרְנָב	2324	אַסְפִּירִין	113
בִּיקֵר	3166	בּוֹטֵל	410	אַרְנֶבֶת	1269	אַסְפָּרָגוֹס	112
בִּיקֵשׁ	223	בּוֹטֶן	2060	אַרְנָק	2294	אָסָר	101
בִּירָה	219	בּוּל	2793	אַרְסִי	3149	אַף	1923
בִּירִית	1108	בּוֹמֶרָנְג	307	אֶרֶץ	1371	אַף אֶחָד	1919
בֵּירֵךְ	612, 1201	בּוֹנָה	210	אַרְקְטִי	93	אַף לֹא אֶחָד	1894
בַּיִת	1355, 1389	בּוֹסְתָן	1960	אֵשׁ	997	אַפּוּנָה	2063
בֵּית דְּבוֹרִים	80	בּוֹעָה	278	אֲשׁוּחַ	996	אָפֹר	1202
בֵּית הַסֵּפֶר	2526	בּוֹעוֹת	367	אֲשׁוּחִית	2777	אָפִיק	487
בֵּית הַשֶּׁחִי	98	בּוֹעֵר	44	אֶשְׁכּוֹלִית	1186	אֶפֶס	3332
בֵּית חוֹלִים	1382	בּוֹץ	1854	אֵשׁ לֶהָבָה	271	אֵפֶר	107
בֵּית חֲרוֹשֶׁת	938	בּוֹקִיצָה	888	אֶשֶׁם	1226	אַפְּרִיל	88
בֵּית כֶּלֶא	1476	בּוֹקֵר	1834	אַשְׁמָה	965	אַפְרִיקָה	25
בֵּית כַּפְרִי	635	בּוֹקֵר	652	אַשָּׁף	2728	אַפַרְסֵק שָׁזִיף	1887
בֵּית מְלָאכָה	3303	בּוֹרֵג	1302, 2539	אַשְׁפָּה	2466	אֶצְבַּע	993
בֵּית מָלוֹן	1386	בּוֹרֵחַ	2476	אַשְׁפָּה לְחִיצִים	2321	אֶצְבָּעוֹן	2972
בֵּית מִרְקַחַת	2097	בּוֹשֶׂם	2086	אֲשֵׁרָה	3164	אֶצְטְרוּבָּל	13, 609
בֵּית נִבְחָרִים	2027	בִּזְבּוּז קַנְרִי	420	אֵת	2622	אָצִיל	1918
בֵּית סוֹהַר	2247	בִּזְבֵּז	2749	אֶתְמוֹל	3327	אֲצִילִי	1917
בֵּית סֵפֶר תִּיכוֹן	1330	בֶּזֶר	198	אַתְנַחְתָּא	2050	אַצַּת יָם	2553
בֵּית רוֹחוֹת	1280	בְּחַבְרָה	595			אֲקַדָּח	2131
בֵּית שִׁמּוּשׁ	3015	בְּחִינָה	915	**ב**		אֲקוֹרְדְיוֹן	8
בֵּיתָן	400	בְּחִירוֹת	882			אַקְוַרְיוּם	90
בָּכָה	3234	בָּחַן	1447	בְּ	117, 1429	אַרְבֶּה	1679
בְּכִי	689	בַּחֲנָה	916	בָּא אַחֲרֵי	1042	אַרְגָּז	453
בְּכִיָּה	3182	בָּחַר	24, 2102	בֶּאֱמֶת	2362	אַרְגָּמָן כְּחַלְחַל	1590
בַּלּוּט	13	בָּטוּחַ	610, 2876	בְּאֵר	3238	אֲרֻבָּה	513
בָּלוֹן	158	בָּטוֹן	604	בָּארְט	237	אֲרוּחָה	1758
בְּלוֹנְדִינִית	283	בֵּטְלָן	1421	בְּבַקָּשָׁה	2159	אֲרוּחָה קַלָּה	2705

א

אָב 963
אֲבוֹקָדוֹ 133
אַבְזָם 369
אֲבַטִּיחַ 3214
אָבִיב 2773
אֲבָל 393
אֶבֶן 2826
אֶבֶן חָצָץ 2065
אֶבֶן טוֹבָה 1117
אֲבַעְבּוּעוֹת רוּחַ 509
אָבָק 855
אֲבָקָה 2189
אַגָּדָה 1612
אַגָּדִי 1612
אֲגוּדָל 2988
אֱגוֹז הָאִילְסָר 1286
אֱגוֹז פִּסְתָּק 2130
אֱגוֹז פֶּקָאן 2066
אֱגוֹז קָשְׁיוּ 455
אֱגוֹזִים 1924
אֲגַם 1560
אַגָּס 2061
אֶגְרוֹף 1008
אֲגַרְטָל 3143
אָדוֹם 2377
אֲדוֹם הֶחָזֶה 2441
אָדוֹם כַּשָּׁנִי 2522
אֵדֵי מַיִם 2806
אָדִיב 1176
אֲדִיבָה 1529
אֲדָמָה 1566, 863
אַדְמִירָל 18
אַדְמַת מִרְעֶה 2044
אֶדֶן 2642
אֶדֶן הַחַלּוֹן 1607
אֶדֶר מָצוּי 1353
אַדְרִיכָל 92
אַהֲבָה 1695
אָהוּד 2199
אוֹ 1957
אוֹבֶךְ 1284
אוֹגוּסְט 126
אוֹגֵר 1249
אוֹדֶם 2467
אוֹהֶל 2960
אַוָּזָה 1169
אַוָּז 1099
אוֹזֶן 859
אוֹטוֹבּוּס 389
אוֹטוֹבּוּס טִיּוּלִים 561
אוֹטוֹמָטִי 130
אוֹיְבִים 895
אֲוִיר 36
אֲוִירוֹן 39
אוֹכֶל 1043
אֻכְמָנִיָּה 1394
אוּכְמָנִיּוֹת 292
אוּכְמָנִית 260
אוֹכֵף 2486
אוּלַי 1753
אוֹלָר 2078
אוּמָּה 1876
אוּמְלָל 3128
אוּמָּן לְכָל מְלָאכָה 1258
אוּמָּנוּת הַחִיתּוּךְ 452
אוֹמֶץ לֵב 645
אוּמְצַת בָּשָׂר 2804
אוּנִיבֶרְסִיטָה 3131
אוֹנִיָּה 2604
אוֹנִיַּת נוֹסְעִים 1654
אוּנְקִיָּה 1970
אוֹסְטְרַלְיָה 128
אוֹפֶה 150
אוֹפּוֹסוּם 1955
אוֹפִי 489
אוֹפַנּוֹעַ 1841
אוֹפַנַּיִם 246,714, 244
אוֹפֶק 1372
אוֹפְקִי 1373
אוֹצֵר 3064
אוֹצָר 3168
אוֹקְטוֹבֶּר 1934
אוֹקְיָינוֹס 1932
אוֹר נֵיאוֹן 1895
אוֹרְגָנוֹ 1964
אוּרְוָוה 2785
אוֹרֶז 2416
אוֹרֵחַ 1224
אוֹרֶן 2125
אוֹת 1622
אוֹתֵת 2639
אֲזִיקִים 1253
אַזְעָקָה 2651
אַזְעָקַת שָׁוְא 949
אָח 1002, 358
אֶחָד 1949
אֲחָדִים 2572
אָחוּ 1756
אֲחוֹרֵי 2363
אָחַז בְּחוֹזְקָה 559
אָחַז לְמַטָּה 1349
אֲחֻזָּה 1207
אַחְיָן 1896
אַחְיָנִית 1910
אַחְרַאי 2406
אַחֲרוֹנָה 1579
אַחֲרֵי 26
אַחֲרֵי הַצָּהֳרַיִם 27
אָטוֹם 38
אָטוּם 121
אַטְלָס 2504, 119
אַטְמוֹסְפֵרָה 120
אִטְרִיּוֹת 2040
אִי 1467
אִי סֵדֶר 1776
אִיבֵּד 1690
אֵיבָר 1648
אִיגְלוּ 1423
אִיּוּרִים 1427
אֵיזֶה 3252
אִיּוֹב 1838
אֵיזוֹר 2386
אִיחֵד 586
אַיֶּיתָה 2748
אֵיכוּת 2306
אִיכָּר 958
אַיָּל 2390
אִילוּחַ 1436
אִילְסָר 1285
אִימֵן 562
אִימְרָה 1310
אִינְץ' 1431
אֵיפֹה 3251
אִיפּוּר 1720
אֵירוּס 1463
אֵירוֹפָּה 909
אֵירַע 1265
אִישׁ מִלְחָמָה 3201
אִשָּׁה 3267
אַכְזָרִי 1274
אָכַל 868
אָכַל אֲרוּחַת בּוֹקֶר 69
אָכַל אֲרוּחַת עֶרֶב 871
אָכַל אֲרוּחַת צָהֳרַיִם 870
אַכְסַנְיָה 1680
אֶל תּוֹךְ 1455
אַלְבּוֹם 43
אֵלֶּה 556
אֲלוּמָּה 383
אֲלוּמִינְיוּם 58
אַלּוֹן 1927
אֲלוּנְקָה 2850
אַלּוּף 10
אַלּוּפָה 484
אֲלַכְסוֹנִי 757
אַלְמוֹג 625
אַלְפָבֵּית 54
אַלְתִּית 2494
אִמָּא 1839
אַמְבּוּלַנְס 60
אַמְבָּט 3092
אַמְבַּטְיָה 194
אַמִּיץ 335
אֲמִיתִּי 1122
אָמָן 105
אַמְנוֹן וְתָמָר 2012
אֶמְצָעִי 1789
אָמַר 2954
אָמְרָה 2512
אֲמָרוֹת 2268
אֱמֶת 3090
אַנְדַּרְטָה 2802, 1829
אָנוֹכִי 2561
אַנְטַארְקְטִי 72

לְחָבֵרַיי הַחֲדָשִׁים

קוֹרְאִים לִי **לִי** וַאֲנִי יַלְדָּה עִם הַרְבֵּה רַעְיוֹנוֹת. תוּכְלוּ לִמְצוֹא אוֹתִי בְּמִשְׁבֶּצֶת מִסְ׳ 412. אֲנִי מְבַקֶּרֶת בְּבֵית הַסֵּפֶר וְגַם לוֹמֶדֶת לִשְׂחוֹת.

יֵשׁ לִי אִמָּא, אָח קָטָן וְאַבָּא אַדְמִירָל. בֶּטַח תִּפְגְּשׁוּ אוֹתָם בְּעַמּוּדִים הַבָּאִים.

יֵשׁ מִי שֶׁחוֹשֵׁב שֶׁמִּילּוֹן זֶה דָּבָר מְשַׁעֲמֵם. הֵם בֶּטַח לֹא רָאוּ אֶת זֶה שֶׁמְּסַפֵּר הַכֹּל עָלַי וְעַל הָאֲנָשִׁים אוֹתָם אֲנִי מַכִּירָה.

חֲמִישָּׁה מְבוּגָּרִים הִשְׁתַּעַשְׁעוּ לֹא מְעַט בְּאִיּוּר הַמִּשְׁבָּצוֹת כָּאן.

גַּם אֲנִי צִיַּרְתִּי אַחַת. (אֶת הַזֶּבְּרָה) מוֹצְאִים?

אֲנִי צְרִיכָה לָרוּץ... חִפְשׂוּ אוֹתִי בְּמִילּוֹן.

לְהִתְרָאוֹת לִי

נ.ב.

אִם תִּרְצוּ לִכְתּוֹב לִי עַל הַמִּילּוֹן, בִּקְשׁוּ מֵאַבָּא וְאִמָּא אוֹ מוֹרָה אֶת - כְּתוֹבָתִי (הִיא בְּסֵפֶר).

רניי מילון מאוייר

עברית ואנגלית